“小三级”工会建设工作实务手册

学习强会——编著

中国工人出版社

目录

第一部分　知识问答

第二部分　流程图示

第三部分 政策文件

第一部分

知识问答

01 “小三级”工会的含义是什么?

2004年全国总工会印发《关于进一步加强基层工会工作的决定》，首次提出乡镇（街道）—社区—企业“小三级”工会概念。

实践发展至今，“小三级”工会已拓展为由乡镇（街道）、开发区（工业园区）工会，村（社区）、楼宇、商圈、街面等区域工会，行业相近、企业和人员集中的行业工会，企业（社会组织等）工会所构成的县以下三级基层工会组织体系。“小三级”工会是工会联系职工群众、开展维权服务的前沿阵地，也是工会参与基层治理、促进社会和谐的重要力量。按照“抓建会、促规范、增活力”的工作思路，聚焦聚力“小三级”工会建设，持续推动工会组织向“末梢”延伸、优质资源向基层倾斜、工作力量向一线下沉、政策制定向职工贴近，可以有效扩大工会组织覆盖、延伸工会服务触手、拓展工会联系深度。通过把“小三级”工会打造成服务职工群众的一线工作站、区域联动的服务区、“信息港”和职工群众信赖的新型“职工之家”，引导职工群众做“小三级”工会建设的参与者、推动者，让基层工会当主力、基层干部当主角、基层职工群众当主人，能够更好地引导职工群众听党话、跟党走，不断巩固党执政的阶级基础和群众基础。

02 为什么要加强“小三级”工会建设?

加强“小三级”工会建设，是贯彻落实习近平总书记关于工人阶级和工会工作的重要论述和中国工会十八大精神的重要举措，是积极适应经济社会发展、职工队伍变化的迫切需要，是深化工会改革和建设、有效发挥党联系职工群众桥梁纽带作用的重要支撑。

（1）“小三级”工会是街镇工会组织体系承上启下的重要节点，在工会组织体系中具有十分重要的地位，承载落实工会改革和参与基层治理的任务十分繁重，随着经济发展和企业工会组织的不断壮大，“小三级”工会的力量配置与工会组织发展需求之间的矛盾突出，亟须加强和规范“小三级”工会组织，让“小三级”工会切实承担起组织落实大量工会日常工作的角色，成为推进落实工会改革任务承上启下的重要枢纽。

（2）“小三级”工会组织服务小微企业和灵活分散就业群体具有独特优势。随着我国城市服务业快速发展和市场分工细化以及数字技术的勃兴，小微企业发展迅猛，新就业群体大量涌现，已经成为工会组织的重要工作领域和服务对象。小微企业发展变化快、灵活分散就业人员流动快，迫切需要工会组织提供就近、灵活和有针对性的服务，由于“小三级”工会组织处于联系服务企业和职工的第一线，工会组织形态丰富多样，壮大和规范“小三级”工会组织，有利于形成小微企业入驻建会、企业撤迁工会随转、职工入会流动随转的工作机制，有利于加强对新的经济业态和新就业形态劳动者群体的服务。

（3）“小三级”工会是加强“两新”组织（新经济组织和新社会组织）工会建设最直接的力量。“两新”组织伴随改革不断发展，在工会组织结构中的比重不断加大，是工会工作的重点领域。由于“两新”组织工会干部大多为兼职，工会组织的力量相对比较薄弱，落实“两新”组织工会工作任务，尤其是涉及职工切身利益方面的工作，需要上级工会的直接指导和帮助。加强并发挥贴近“两新”组织的“小三级”工会组织优势，让“小三级”工会有能力代表上级工会帮助解决“两新”组织工会和职工维权等难点痛点问题，是针对“两新”组织工会工作特点的重要举措，是落实“两新”组织工会改革各项任务的重要切入点，是各级工会竭力推进的一项重要工作。

03 “小三级”工会建设三年行动指的是什么?

中国工会十八大报告指出，要“突出抓好基层基础工作，打通服务职工群众‘最后一公里’。实施大抓基层三年行动。针对基层缺经费、缺办公场所、缺工作人员等难题，统筹规划、多措并举，系统推进、分步落实，争取经过三年努力，基层直接服务职工群众的能力大幅提升。加强指导帮扶，推动不同区域、不同行业工会工作协调发展、平衡发展”。为深入学习贯彻习近平总书记关于工人阶级和工会工作的重要论述，推动中国工会十八大精神落地见效，分别通过实施新就业形态劳动者维权服务三年行动、非公企业工会建设三年行动、“小三级”工会建设三年行动来夯实基层基础，巩固拓展“县级工会加强年”专项工作成果，进一步推动工会改革在基层落地见效。

04 “小三级”工会经费的来源有哪些?

“小三级”工会经费的来源主要有：

（1）会费收入。会费收入是指工会会员依照全国总工会规定按本人工资收入的5‰向所在基层工会交纳的会费。

根据《全国总工会财务部关于机关和事业单位工会会员交纳会费问题的通知》，按照《中华全国总工会关于收交工会会费的通知》的要求，明确会费的交纳标准，按照会员本人每月工资收入的5‰计算交纳会费。会员工资收入合计尾数不足10元部分和各项津贴、补贴、奖金等收入，仍暂不计算交纳会费。收交的会员会费，暂时全部留在基层工会掌握使用。

机关工会会员计算“工资收入”基数：职务工资和级别工资；事业单位工会会员计算“工资收入”基数：岗位工资和薪级工资；企业工会会员计算“工资收入”基数：凡作为工资发给企业工会会员应计算交纳会费，凡是作为津贴奖金发给企业工会会员的，不计算交纳会费。

（2）拨缴经费收入。拨缴经费收入是指建立工会组织的单位按全部职工工资总额的2%依法向工会拨缴的经费中的留成部分。

根据《中华全国总工会办公厅印发〈关于加大对乡镇（街道）、开发区（工业园区）工会和基层工会经费支持力度的若干规定〉的通知》，基层工会的经费分成比例不低于60%。现低于60%的，一律调整为60%。拨缴经费中40%上缴上级工会，60%留在基层工会使用。

（3）上级工会补助收入。上级工会补助收入是指基层工会收到的上级工会拨付的各类补助款项。

根据《中华全国总工会办公厅印发〈关于加大对乡镇（街道）、开发区（工业园区）工会和基层工会经费支持力度的若干规定〉的通知》，坚持工会经费使用进一步向乡镇（街道）、开发区（工业园区）工会和基层工会倾斜。全国总工会本级工会经费全年收入的70%用于对下级工会的补助，通过经费补助实行项目化管理，把其中大部分资金，经省级工会转拨补助到乡镇（街道）、开发区（工业园区）工会和基层工会。

（4）行政补助收入。行政补助收入是指基层工会所在单位依法依规对工会组织给予的各项经费补助。根据《中华人民共和国工会法》《中国工会章程》《工会会计制度》等有关规定，行政补助收入是基层工会经费收入的重要来源之一，可以用于工会为职工服务和开展活动等方面。

基层工会要做好年度工会经费收支预算，基层工会在会费收入、拨缴经费收入、上级工会补助收入、附属单位上缴收入、投资收益和其他收入等当年预算收入不能满足完成全年工作任务资金需求的情况下，应优先动用以前年度结余资金进行弥补。结余资金不足的，可向单位申请行政补助，编列基层工会行政补助收入预算。基层工会取得行政补助收入后按照工会经费确定的开支范围和标准，合法合规使用经费。不得将与工会无关的经费以行政补助名义纳入工会账户管理。

（5）其他收入。其他收入是指基层工会取得的资产盘盈、固定资产处置净收入、接受捐赠收入和利息收入等。

05 “小三级”工会如何整合服务资源？

面对新形势新任务，面对职工需求的变化和发展，“小三级”工会要不断整合服务资源，在充分挖掘自身资源的基础上，引入外部资源和社会力量，通过联合运作、委托服务、入驻运营等方式，实现公共资源、社区资源、社会资源与职工需求精准对接，充分实现服务供给效能最大化。

（1）充分挖掘自身资源。“小三级”工会有自身的资源优势，如：可以参与所在地的基层治理，从源头上反映职工群众的意愿和呼声；所在地的企事业单位类型多样，最贴近职工群众，可以充分发挥职工志愿者的作用；部分“小三级”工会拥有一批公益性的服务站点，可以为职工群众提供精准服务等。“小三级”工会要积极争取党政支持，充分挖掘自身的资源，用好自身的资源，最大限度地服务职工。

（2）联系引导社会组织为职工提供服务。目前的“小三级”工会在人员、经费等方面还比较欠缺，可以通过培育孵化、项目合作、购买服务等社会化、市场化方式，为社会组织提供场地支持、政策支持，联系引导社会组织为职工提供专业化服务，努力形成“党委领导、政府支持、工会联系引导、社会组织专业服务、职工群众广泛参与和普遍受益”的工作格局，让专业的人办专业的事，为满足职工美好生活需要提供高品质服务。

（3）调动职工志愿者的积极性。“小三级”工会最贴近职工群众，最能发现职工的优势和特长。“小三级”工会建设要壮大志愿服务队伍，加大工会志愿者招募力度，建立具有不同特色的专业化志愿服务队，加大志愿服务人才队伍建设力度。要完善志愿服务项目建设，根据不同志愿队伍的特色和专业，开发相应的具有工会特色的服务项目，如法律援助项目、困难职工帮扶项目、职工心理健康咨询项目、女职工特殊服务项目等，并不断提升服务项目的品质。要加大志愿服务激励力度，选树职工志愿服务的典型，加大宣传力度，让更多的职工加入志愿服务的行列中来，形成良性循环。

06 “小三级”工会如何加强服务阵地建设？

工会服务阵地是工会履行基本职责、构建服务职工长效机制的有效载体，是工会发挥桥梁纽带作用、团结吸引凝聚职工群众的重要阵地，是工会组织的重要标识。“小三级”工会要坚持以职工为中心，积极探索和规范职工服务阵地社会化市场化运作的实现途径，推动职工服务阵地向高品质和多样化升级。

（1）强化阵地建设。新建、共建一批基础设施完备、服务功能齐全、管理运行规范的职工服务阵地群，积极构建布局合理、发展平衡、功能完善、运行有效的服务阵地网络。扩大职工书屋、职工活动中心、母婴空间、心灵驿站、工会驿站等的覆盖面，打造高质量工会服务网络，让服务工作做到更贴心、更细致、更全面。将工会组织的服务职能和阵地建设有机地融合起来，完善服务功能布局，规范服务管理模式，提升服务理念新思维，实现“服务有方向、阵地带活动、工建促发展”的工作目标，在规范建设管理的基础上，注入个性化元素或服务，切实做到贴近职工需求、功能设施实用。

（2）用活服务阵地。加强内容供给，将政策宣传、技能培训、体育健身、文化休闲、心理疏导、普惠服务、就业创业等多元化服务内容进行整合，强化思想引领，突出素质提升，立足精准服务，聚焦权益维护，促进工会服务品质提升；加强方式创新，用好人工智能等新技术、新手段，突出抓好服务化、体系化、品牌化、创新化、数字化建设，强化社会参与，改善服务体验，丰富工会服务方法手段；加强数字赋能，整合数字资源，探索多元参与，提升服务体验，建设职工数字化文体体验空间。

（3）加强保障与评价。要确保服务阵地的管理人员配备到位，可以通过吸纳志愿者的方式扩大管理人员队伍，对管理人员及其职责进行完善，保障工作流程及服务规范的科学性和合理性，定期开展技能培训，提升工作人员的知识储备和技能水平。要完善财务保障机制，制定科学的资金计划，完善资金使用及管理制度，为职工服务阵地建设工作提供充足的资金支持。要建立科学合理的评价机制，细化评价内容，吸纳职工群众、上级工会等主体意见，坚持服务阵地公益性服务性方向，坚持依法依规规范社会化市场化运行。

07 “小三级”工会如何在预防劳动争议中发挥作用?

“小三级”工会在预防劳动争议中发挥着重要作用，主要可以分为以下方面：

（1）开展劳动法治宣传教育，预防争议发生。开展劳动法治宣传教育，是预防劳动争议发生的重要手段之一。

“小三级”工会可与政府有关部门等联合，通过普法宣传和劳动法律法规教育等方式，提高用人单位和劳动者的劳动法律意识和劳动法治观念，引导双方尊法学法守法用法，避免劳动争议发生。例如开展法律知识竞赛、法律咨询日、法治讲座等活动，送法下企业、下基层，设立专门窗口进行定点法律咨询，建立工会职工法律夜校或培训服务中心等。

（2）参与劳动法律法规执法检查，履行社会监督职能。工会参与劳动法律监督检查，对维护职工合法权益、预防劳动争议发生等具有十分积极的作用。“小三级”工会应针对劳动执法中的突出问题，参与政府劳动保障等部门的联合执法检查，多方联动，用好“一函两书”，履行工会劳动法律监督职能，督促用人单位及时纠正劳动用工管理中的问题，使劳动法律法规得以贯彻落实，从而预防劳动争议发生。

（3）建立平等协商和集体合同制度。“小三级”工会可以推动企事业单位就涉及职工切身利益等事项，与用人单位定期或不定期商谈，以便达成共识，使矛盾和问题及时得到解决，预防劳动争议发生。在平等协商的基础上，通过签订集体合同，把职工和企业可能发生的矛盾，转化为工会与企业须协商解决的问题，防止可能发生的劳动争议。

（4）建立健全企事业单位民主管理制度。“小三级”工会可通过推动建立以职工代表大会为基本形式的企事业单位民主管理制度来维护职工群众的合法权益。在公司制企业中，通过职工董事、职工监事，直接参与企业重大决策和监督，可从源头上有效预防劳动争议的发生。同时，还可通过建立职工代表意见会、对话会、面谈等制度，加强劳动关系双方的沟通和协调。

（5）帮助指导劳动者签订劳动合同。劳动合同的签订涉及许多法律法规上的问题，直接关系到职工的各项劳动权利，包括劳动就业、劳动报酬、劳动安全卫生、社会保险等的实现。工会参与劳动合同文本的制定和修改，是保证职工与用人单位平等自愿、公正合理地协商劳动合同内容，切实维护职工合法权益的有效手段。“小三级”工会较职工更熟悉相关法律法规，应积极参与用人单位劳动合同文本的制定和修改，认真帮助、指导职工与用人单位签订、续订劳动合同。

（6）建立健全劳动关系预警机制。“小三级”工会应整合资源，注重发挥工会劳动关系监测点、工会各级劳动争议调解组织、劳动法律监督组织的预防功能，建立企业工会劳动争议信息员制度，推动建立劳动关系三方信息协调制度，以及三方共同负责、下至企业、上到地方的自下而上的劳动争议预警机制。通过预测、预报和预防等措施，有效排查劳动争议隐患，及时化解纠纷苗头。对可能引发群体性突发事件的重大问题，及时报上级工会和有关部门，积极采取应对措施，维护职工队伍和社会稳定。

08 “小三级”工会处理劳动争议的有效方式有哪些?

“小三级”工会参与劳动争议处理，应当坚持中国共产党的领导，坚持以职工为本，坚持立足预防、立足调解、立足法治、立足基层，坚持公平、正义，最大限度将劳动争议矛盾化解在基层，化解在萌芽状态。

（1）“小三级”工会参与劳动争议协商。“小三级”工会应当积极推进用人单位建立健全劳动关系协商调处机制，完善内部协商规则。发生劳动争议，职工可以要求用人单位工会参与或者协助其与用人单位进行协商；用人单位尚未建立工会的，职工可以请求用人单位所在地的各级地方工会参与或者协助其与用人单位进行协商，推动达成和解协议。

（2）“小三级”工会参与劳动争议调解。工会应当积极参与劳动争议多元化解机制建设，充分发挥工会在调解工作中的职能作用，推动构建党委领导、政府负责、人力资源社会保障部门牵头、工会等有关部门参与、司法保障、科技支撑的劳动争议多元化解工作格局。

“小三级”工会可帮助企业建立企业劳动争议调解委员会，其中，劳动者代表由工会委员会成员担任或者由全体劳动者推举产生，企业代表由企业负责人指定。企业劳动争议调解委员会主任依照有关规定由工会委员会成员或者双方推举的人员担任。企业劳动争议调解委员会的办事机构可以依照有关规定设在企业工会委员会。

（3）“小三级”工会参加劳动争议仲裁。工会依照《劳动争议调解仲裁法》规定参加同级劳动人事争议仲裁委员会，履行有关职责。工会工作者符合法律规定的仲裁员条件，由劳动人事争议仲裁委员会聘为兼职仲裁员的，依法履行仲裁员职责。工会兼职仲裁员所在单位对其参加劳动争议仲裁活动应当给予支持。

（4）“小三级”工会参与劳动争议诉讼。工会在劳动争议诉讼中主要履行支持帮助职工当事人起诉；接受职工当事人委托，指派或者委派诉讼代理人；推动生效法律文书的诚信履行；代表劳动者参加集体合同争议诉讼等职责。依法设立的工会法律服务机构可以接受职工的委托，指派或者委派诉讼代理人，代理其参加劳动争议诉讼活动。职工应当向人民法院提交由其本人签名或者盖章的授权委托书，指派或者委派的诉讼代理人在授权范围内代理诉讼。

09 “小三级”工会如何针对新业态领域探索建立行之有效的工资集体协商机制？

“小三级”工会在新业态领域开展工资集体协商应注意把握以下几个方面：

（1）注重激发平台企业参与的意愿与动力。集体协商需要企业一方与劳动者一方通过平等沟通、协商，形成双方都同意、认可的利益分配规则。集体协商的顺利开展需要用人单位本着真诚协商、合力协调用工关系意愿的参与。工会需要引导平台企业正确认识集体协商功能，激发其参与集体协商的积极性和主动性。

（2）根据平台用工基本规律进行制度设计。新业态领域，数字经济和平台用工相结合，劳动关系与合作关系之间的边界更加模糊，劳动者的劳动形式、劳动时间、工作场所、取酬方式等更加灵活多样。集体协商的制度探索必须尊重平台用工的基本规律：不局限于劳动关系，穿透外包商和加盟商的“隔离墙”，结合平台用工中随时上下线的工作特点以及不同行业的差异进行制度设计。

（3）坚持问题导向的工作思路。新业态领域集体协商在我国属于新生事物，新业态领域集体协商的开展也没有现成模式，是一场“摸着石头过河”的实践。在现行法的基本框架下，围绕实践问题和劳动者最关切的问题，坚持问题导向，不失为新业态领域集体协商探索的一条思路。各地劳动者、工会和平台企业的状况以及行业运行的状况差异较大，在探索过程中，恳谈会、职代会、签订集体合同等不同方式各自有自己适用的场景，不存在统一的模式，需要因地制宜进行制度安排，稳步推进。

10 “小三级”工会如何申报全国模范职工之家、全国模范职工小家、全国优秀工会工作者？

全国模范职工之家、全国模范职工小家、全国优秀工会工作者，是中华全国总工会设立的分别授予先进基层工会，基层工会下属先进工会或工会小组，基层工会优秀专兼职干部、专职社会化工会工作者和各级工会领导机关处级以下优秀工会干部的荣誉称号。全国总工会办公厅印发的《全国模范职工之家、全国模范职工小家、全国优秀工会工作者评选表彰管理办法》为做好“小三级”工会申报全国模范职工之家、全国模范职工小家、全国优秀工会工作者提供了方向和指引。

全国模范职工之家从我国境内企业、事业单位、机关、社会团体和其他社会组织单独或联合建立的基层工会，乡镇（街道）、开发区（工业园区）、村（社区）工会，县级以下区域（行业）工会联合会中评选，一般从省级模范职工之家中产生。

全国模范职工之家产生的基本条件：

（1）认真贯彻习近平新时代中国特色社会主义思想，执行党的路线方针政策，遵守国家法律法规，践行社会主义核心价值观，加强职工思想政治引领，团结带领职工建功新时代。

（2）工会组织机构单独设立，工会委员会、经费审查委员会及女职工委员会等领导机构健全，工会劳动保护委员会、劳动法律监督委员会等工作机构完善，具备条件的工会依法取得社会团体法人资格，近 3 年职工（含农民工、劳务派遣工）入会率均在 90% 以上。

（3）依法独立设立工会经费账户，及时足额拨缴工会经费，自主管理，规范使用。

（4）工会会员代表大会、民主选举、会务公开、会员评议职工之家等制度落实到位。

（5）有效落实以职工代表大会为基本形式的民主管理制度，依法实行厂务公开，开展集体协商签订集体合同，健全劳动争议调解组织，有效化解劳动纠纷，劳动关系和谐稳定。

（6）热忱服务职工群众，工会工作获得职工高度认可，近3年工会会员代表大会评议职工之家满意率均在90%以上。

全国模范职工小家从基层工会下属的子公司（分公司）、分厂、车间（科室）、班组工会或工会小组中评选，一般从省级模范职工小家中产生。

全国模范职工小家产生的基本条件：

（1）认真贯彻习近平新时代中国特色社会主义思想，执行党的路线方针政策，遵守国家法律法规，践行社会主义核心价值观，工会工作充满活力。

（2）子公司（分公司）、分厂、车间（科室）、班组工会或工会小组建设好，依法选举工会主席或小组长，具备条件的工会依法取得社会团体法人资格，近3年职工（含农民工、劳务派遣工）入会率均在90%以上。

（3）子公司（分公司）、分厂、车间（科室）、班组民主管理，依法实行厂务公开、会务公开，开展集体协商。

（4）子公司（分公司）、分厂、车间（科室）、班组完成生产、工作任务好，组织职工开展技术创新、劳动技能竞赛，团结带领职工建功立业。

（5）职工小家阵地建设好，活动场所和服务设施齐全，服务活动丰富，近3年工会会员代表大会评议职工之家满意率均在90%以上。

全国优秀工会工作者从基层工会专兼职干部、专职社会化工会工作者、各级工会领导机关处级以下干部中评选，一般从省级优秀工会工作者中产生。

全国优秀工会工作者产生的基本条件：

（1）认真学习贯彻习近平新时代中国特色社会主义思想，坚定走中国特色社会主义工会发展道路，以实际行动践行社会主义核心价值观。

（2）坚持原则，模范执行工会会员代表大会、民主选举、会务公开、会员评议职工之家等制度，积极推动落实以职工代表大会为基本形式的民主管理制度，推进厂务公开和集体协商，所在单位劳动关系和谐稳定。

（3）尽职尽责，热忱服务职工群众，切实维护职工合法权益，团结带领职工创新创效、建功立业，推动培育高素质职工队伍，受到职工广泛信赖。

（4）遵纪守法，廉洁自律，作风民主，密切联系职工群众，自觉接受批评监督，基层工会主席、副主席近3年的工会会员代表大会测评等次均为满意。

11 如何破解“小三级”工会“三缺”问题？

当前“小三级”工会建设普遍存在“缺经费、缺办公场所、缺工作人员"等瓶颈问题，简称"小三级"工会"三缺"问题。因此，必须多措并举，从加大经费支持力度、推进服务职工阵地建设、加强队伍建设以及分类指导、整体推进等多方面合力推进"小三级"工会建设法治化、制度化、规范化，让"小三级"工会真正建起来、转起来、活起来、强起来。针对基层缺经费问题，坚持把工会经费向"小三级"工会倾斜，在年度预算中做到"应保尽保"。针对基层缺阵地问题，由省级、市级工会统筹协调保障，督促用人单位保证必要的办公场地、活动场所和服务阵地，在年度规划中做到"应有尽有"；通过平台共建、阵地共用、活动共办等方式，加强与其他群团组织的工作协同。针对基层缺工作人员问题，由省级工会根据服务人群数量确定适合的工会工作者和社会化工会工作者数量，在年度计划中明确，努力做到"应用尽用"；属于"小三级"的，由县级总工会负责日常管理。同时，加强社会化工会工作者队伍建设和培训力度，按照专业化、职业化要求，加大力度对现有的工会工作者实施人员结构优化、素质提升。

12 乡镇（街道）工会是什么？其主要职责有哪些？

《中华人民共和国工会法》第十一条规定，企业职工较多的乡镇、城市街道，可以建立基层工会的联合会。2004 年《中华全国总工会关于开展建立乡镇（街道）总工会试点工作的意见》提出，在经济发达、企业比较集中、职工人数较多的乡镇（街道）可以开展建立乡镇（街道）总工会试点工作。2005 年《中华全国总工会关于加强乡镇（街道）工会规范化建设的意见》提出，乡镇（街道）工会工作委员会，应逐步向乡镇（街道）工会委员会、乡镇（街道）工会联合会或乡镇（街道）总工会过渡。2014 年《中华全国总工会关于新形势下加强基层工会建设的意见》强调，积极推进乡镇（街道）组建工会，已经建立工会工作委员会的，要逐步向工会联合会、总工会等组织形式转变。企业 100 家左右、职工 5000 人左右的乡镇（街道）可以设立总工会。乡镇（街道）工会采取哪种组织形式，应从各地实际出发，根据乡镇（街道）经济发展程度、企业和职工人数及工会工作基础，本着有利于发挥乡镇（街道）工会组织作用的原则确定。

乡镇（街道）工会在同级党（工）委和上级工会的领导下，依据《中华人民共和国工会法》和《中国工会章程》独立自主地开展工作。乡镇（街道）工会直接面对基层工会和职工群众，在工会组织体系中起着承上启下的作用，承担着地方工会和基层工会的双重职责。

乡镇（街道）工会的职责主要包括：

（1）加强职工思想政治引领，围绕乡镇（街道）中心工作推动科学发展，深化劳动和技能竞赛，团结和组织职工为乡镇（街道）经济和社会发展作贡献；

（2）积极推动区域内机关、企事业单位和其他社会组织依法建立工会组织，广泛吸收职工入会，指导基层工会组织建设；

（3）推动建立和健全与政府联席（联系）会议制度和劳动关系三方协商机制，参与涉及职工切身利益政策的研究制定；

（4）开展区域性平等协商、集体合同和民主管理工作，指导企业建立平等协商、集体合同制度，健全以职工代表大会为基本形式的企业民主管理制度；

（5）建立区域性劳动争议调解组织，协调处理劳动争议；

（6）监督企业落实劳动保护措施，改善职工劳动安全卫生条件；

（7）培训基层工会干部，维护基层工会干部合法权益；

（8）推动落实职工福利待遇，开展困难帮扶、实施送温暖工程，为职工群众办实事、办好事；

（9）指导基层工会开展建设职工信赖的“职工之家”，开展“会、站、家”一体化建设，广泛开展“双爱双评”活动，打造集建会入会、维权热线、信访接待、就业创业、法律援助、帮扶解困、普惠服务等于一体的工会公共服务阵地，不断增强基层工会活力；

（10）积极代行基层工会难以承担的部分维权职能，维护广大职工和基层工会干部合法权益；

（11）引导基层工会广泛开展劳动竞赛和群众性经济技术创新活动，提升职工技能素质。

13　乡镇（街道）工会的组织形式有哪些？

目前，乡镇（街道）工会一般包括工会工作委员会、工会委员会、工会联合会和总工会四种形式，还有少量工会办事处等其他组织形式。《中华人民共和国工会法》第十一条规定，企业职工较多的乡镇、城市街道，可以建立基层工会的联合会。《中国工会章程》第二十二条规定，县和城市的区可在乡镇和街道建立乡镇工会和街道工会组织，具备条件的，建立总工会。

（1）乡镇（街道）工会工作委员会。乡镇（街道）工会工作委员会是县级工会根据需要，在不具备建立工会组织条件的乡镇（街道）派出的代表机关。工作人员由县级工会派出，接受县级工会的领导和工作安排，其工作内容是县级工会工作的组成部分。这种组织形式能够迅速实现工会组织和工会工作覆盖，但其代表性较弱。

（2）乡镇（街道）工会委员会。乡镇（街道）工会委员会一般经辖区内会员（代表）大会选举产生。可按照联合制、代表制原则，适当扩大工会委员会组成人员范围，广泛吸收辖区内基层工会负责人以及各方面的代表作为委员会成员，依靠社会力量做好工会工作。

（3）乡镇（街道）工会联合会。乡镇（街道）工会联合会是乡镇（街道）工会的重要组织形式，可以由会员（代表）大会选举产生，也可以按照联合制、代表制原则，由下一级工会组织民主选举的主要负责人和适当比例的有关方面代表组成。

在实践中，乡镇（街道）工会联合会与其他组织形式相比，具有以下优势：一是有利于履行上级工会的领导职责和基层工会的维权职责。一方面，乡镇（街道）工会联合委员会组成人员从辖区基层工会负责人中产生，基层工会是它的有机组成部分，乡镇（街道）工会联合会对基层工会的情况更了解，对其指导与服务更有针对性和实效性；另一方面，乡镇（街道）工会联合会不受制于企业劳动关系，可以更好地履行企业工会难以履行的部分维权职责。二是有利于整合社会力量开展工作。工会联合委员会可以适当吸收来自政府或社会方面的成员，可以依靠联合的力量增强服务和维权工作实效。三是有利于密切与职工群众的联系。工会联合会与基层工会和会员群众的联系比地方总工会更加密切，可以增强工会的群众化、民主化，避免机关化、行政化的倾向。

（4）乡镇（街道）总工会。目前，许多经济较为发达、企业和职工较多的乡镇（街道）建立了乡镇（街道）总工会，履行基层工会和地方工会双重职责，在加强乡镇（街道）工会自身建设、维护职工合法权益、提高基层工会工作整体水平等方面发挥了积极作用。

14 如何推进乡镇（街道）工会的规范化建设？

根据《中华全国总工会关于加强乡镇（街道）工会规范化建设的意见》，乡镇（街道）工会应按照“六好”的要求加强规范化建设，具体标准是：

（1）党委政府重视支持好。建立“党委领导、政府支持、各方配合、工会运作、职工参与”的工会工作格局，党委把工会工作纳入党建目标体系，定期研究解决乡镇（街道）工会工作中的重大问题，支持工会依法独立自主开展工作。建立政府与工会联席（联系）会议制度，研究制定涉及职工切身利益的政策规定，主动征求工会意见，为工会开展工作提供必要的物质保障。

（2）组织网络健全好。建立健全乡镇（街道）工会组织机构，配备专职工会干部，工会主席按同级党政副职配备，是党员的进入同级党委班子。工会主席由党委副书记兼任的，配备专职工会副主席，享受乡镇（街道）中层正职待遇。区域内工会组织建会率、职工入会率高。

（3）履行基本职责好。源头参与有力，适时提出涉及维护职工权益的主张和建议。建立以职工代表大会为基本形式的企事业民主管理制度，职工代表大会的各项职权落实到位。建立健全平等协商和集体合同制度，覆盖率、履约率高。企业与职工签订劳动合同，建立健全劳动争议调解组织，劳动安全卫生监督工作落实，区域内企业无严重侵犯职工合法权益问题及群体性事件。

（4）指导帮助基层好。适时对区域内基层工会工作提出指导性意见，主动与企业进行沟通协商，解决基层工会在开展工作中遇到的困难和问题。积极代行基层工会难以承担的维权职能；培训基层工会干部成效明显，基层工会干部合法权益维护到位。

（5）服务职工群众好。努力为职工群众做好事、办实事、解难事，送温暖工作经常化、制度化。积极开展职工就业培训，提高职工的竞争能力和创业能力。区域内企事业单位按规定为职工缴纳各种社会保险，做好困难职工帮扶工作，特困职工家庭纳入最低生活保障范围。职工群众对工会满意度高。

（6）围绕中心开展工作好。紧紧围绕乡镇（街道）中心工作，推动职工经济技术创新活动深入开展。推动实施职工素质培训工程，广大职工积极投身改革，为发展经济建功立业，文化体育工作活跃。劳动模范、五一劳动奖章（奖状）获得者和单位的培养、评选、表彰和管理工作成效明显。

15 村（社区）工会的组织形式有哪些？其主要活动方式是什么？

村工会的组织形式主要是工会委员会和工会联合会。企业规模小、数量少，职工人数较少的村，应尽量采取召开会员大会的方式选举村工会委员会。企业数量和规模比较大、职工人数较多的村，可以建立村工会联合会。

社区工会的组织形式灵活多样，目前主要有以下三种形式：一是块型。即依托社区党组织和居委会，按照居民小区成立相应的社区工会，由社区党组织书记兼任工会主席。二是条型。即根据各行业的不同特点，按行业成立社区工会。三是条块结合型。即联合所辖各基层工会成立工会联合会。无论采用何种组织形式，社区工会都要充分发扬民主，召开社区工会会员大会或者会员代表大会，规范选举产生社区工会委员会，保证其广泛性和代表性。

村（社区）工会的活动方式，要适应其工作对象和工作任务的特点，以完成其重点工作任务为目标，选择适当的活动方式。

村工会的主要工作对象是在村办企业中就业的职工和本村外出务工人员，活动方式要小型、多样、灵活、务实。对在村办企业中就业的职工，要积极组织他们加入工会，指导和帮助职工与企业签订劳动合同，推行集体合同制度，监督“两个合同”的履行，切实维护职工的合法权益；对本村外出务工人员，要积极向他们宣传工会知识，提高他们的工会意识，要加强与务工地工会的相互协作，共同维护好外出务工人员的合法权益。

社区工会的工作对象具有人员分散、就业不稳定、流动性强等特点。因此，组织开展活动要尊重会员意愿、灵活多样，要多开展会员喜闻乐见、愿意参与、能得到帮助、解决实际问题的活动。由于工会早先在社区劳动者中缺乏工作基础，许多社区劳动者对工会还比较陌生，因而在他们中加强宣传组织工作显得尤为重要。要以维权和服务职工为重点，搞好法律咨询服务、再就业指导、劳动争议调解，参与社区文化建设，把社区工会建设成为职工之家。要善于借助社会力量，整合社会资源为职工群众办好事、实事。要积极建立社区工会志愿者队伍，发现和培养工会积极分子，真正依靠会员群众开展工会工作，引导社区职工实行自我管理、自我教育、自我服务。

16 区域性、行业性工会联合会是什么？如何加强区域性、行业性工会联合会建设？

区域性、行业性工会联合会是基层工会的一种组织形式，是由若干个单位在各自成立基层工会组织（基层工会委员会、联合基层工会委员会或基层工会联合会）的基础上，在一定的区域或行业范围内，按照联合制、代表制原则建立的区域性、行业性的基层工会的联合体。其领导机构为工会联合会委员会，委员由其下属基层工会的主席和有关方面代表组成。如乡镇（街道）工会联合会，其实质是一种在乡镇（街道）范围内的区域性的基层工会联合会。

区域性、行业性工会联合会是近年来各级工会在扩大组织覆盖、扩大工作覆盖探索实践中形成的一种有效形式。实践证明，加强区域性、行业性工会联合会建设，对于基层工会组织围绕中心服务大局，促进区域、行业经济持续健康发展，参与基层社会治理、积极发挥作用，加强维权服务、构建和谐劳动关系，树立以职工为中心的工作导向、夯实工会基层基础，确保职工队伍和工会组织团结统一具有重要意义。

加强和规范区域性、行业性工会联合会建设，要深入学习贯彻习近平总书记关于工人阶级和工会工作的重要论述，特别是习近平总书记关于加强基层工会建设的重要指示精神，聚焦保持和增强政治性、先进性、群众性，坚持正确政治方向，在党组织领导、政府支持下，通过党建带工建等机制方法有序有力推进；坚持依法依规，做到依法建会、依法管会、依法履职、依法维权，健全完善制度，严格落实制度；坚持产业和地方相结合的工会组织领导原则，着眼组织健全、职责明确、关系顺畅的目标，推动形成自下而上、工作贯通、覆盖不同所有制企业和相关社会组织的组织体系；坚持从实际出发，积极稳妥推进，立足区域、行业所辖基层单位的分布、数量以及职工人数等实际，按照规模适度、便于管理、科学合理的原则进行组建，并确定覆盖范围。

17 区域性、行业性工会联合会的组建方法是什么？

区域性、行业性工会联合会一般建立在县（市、区、旗）及以下范围内。城市工会可根据本地区域、行业发展情况，从实际出发，探索在市级建立行业性工会联合会。建立区域性、行业性工会联合会，必须坚持在同级党组织和上一级工会的领导下进行。上级工会及时有效跟踪指导服务，严把组建前置环节，严格规范组建程序，积极稳妥推进组建工作。在广泛征求各方面意见特别是覆盖单位意见，进行充分酝酿协商的基础上，经同级党组织同意并报上一级工会批准后成立工会筹备组。筹备组依法依规做好筹备工作。未建立党组织的，在上一级工会领导下进行。

区域性、行业性工会联合会本质上是由两个及两个以上基层工会自愿结合的联合工会组织，应当遵循联合制、代表制的原则建立。坚持广泛性和代表性，委员由本区域或行业内基层工会的主席和适当比例的有关方面代表等组成，覆盖基层工会数量较多的，区域性、行业性工会联合会委员会委员可以由所覆盖基层工会主席民主推选代表担任；根据工作需要，可吸收政府有关部门代表参加。

区域性、行业性工会联合会主席、副主席职务的产生，必须履行民主程序。区域性、行业性工会联合会主席、副主席可以由全体委员选举产生，也可以由区域性、行业性工会联合会所覆盖基层工会联合组成会员（代表）大会选举产生。区域、行业内的基层单位行政主要负责人不得作为区域性、行业性工会联合会委员会委员人选，行业协会（商会）会长、副会长等不得担任区域性、行业性工会联合会主席、副主席。上级工会派出的工会干部、社会化工会工作者或者区域、行业龙头骨干企业工会主席、社区工作者等可以作为区域（行业）工会联合会主席、副主席人选。区域（行业）工会联合会主席、副主席可以专职，也可以兼职，其任期与区域性、行业性工会联合会委员会相同。

区域性、行业性工会联合会委员会委员实行替补、增补制。区域性、行业性工会联合会委员会委员，当其不再担任原工会组织的主要负责人时，其委员职务由其原单位工会新当选的主要负责人经履行民主程序后予以替补。新覆盖基层工会的主要负责人，经履行民主程序，可以增补为区域性、行业性工会联合会委员会委员。区域性、行业性工会联合会委员会每届任期 3 年至 5 年，任期届满应按时换届。因特殊情况需提前或延期换届的，应报上一级工会批准。建立区域性、行业性工会联合会，原则上所覆盖基层工会的组织领导关系、经费拨缴关系和会员会籍关系保持不变。确需调整的，须经县级以上地方工会批准。

18 如何加强开发区、工业园区工会自身建设?

根据《中华全国总工会关于进一步加强开发区、工业园区工会工作的意见》，进一步加强开发区、工业园区工会工作，关键是要加强开发区、工业园区工会的自身建设。只有开发区、工业园区工会自身建设得到加强，“两个普遍”才能落实到基层。

（1）开发区、工业园区工会在开发区、工业园区党组织和上级工会领导下开展工作。尚未建立工会组织的开发区、工业园区，上级工会要协调有关方面尽快建立。新成立的开发区、工业园区，在筹建开发区、工业园区管理机构的同时，要同步筹建开发区、工业园区工会组织。

（2）行使政府管理职能的国家级经济技术开发区、工业园区建立总工会，其行政级别与开发区、工业园区行政级别相对应。公司主导的国家级开发区、工业园区和其他各类开发区、工业园区，可以根据实际情况建立总工会或区工会联合会。开发区、工业园区工会机构须单独设立，不得合并到党群工作部或其他工作部门。开发区、工业园区工会委员会，由开发区、工业园区工会会员（代表）大会选举产生；开发区、工业园区工会联合会，可通过联合制、代表制的方式，由下一级工会组织负责人和有关方面代表组成。要注重发挥工会委员会集体作用开展工作。

（3）开发区、工业园区工会主席按照同级领导班子副职级配备，副主席享受中层正职待遇。开发区、工业园区党委在推荐开发区、工业园区工会主席、副主席人选时，应征得上级工会的同意，并按照《中国工会章程》有关规定履行民主程序。要选好配强专职工会干部，专职工会干部暂时配备不足的，可通过聘用社会化工会工作者等办法充实工会干部队伍，以适应开发区、工业园区工会开展工作的需要。

（4）健全开发区、工业园区"小三级"工会组织网络。下设乡镇（街道）的开发区、工业园区要加强乡镇（街道）总工会或工会联合会建设，为其配备专职工作人员，解决工作经费、办公场所等实际问题，充分发挥乡镇（街道）工会承上启下的作用。未设乡镇（街道）的开发区、工业园区根据实际需要建立区域性、行业性基层工会联合会，注重联合会规范化建设，加强对小企业工会组建和维权工作的指导服务。

（5）开发区、工业园区工会，应建立经费审查委员会和女职工委员会，其每届任期与工会委员会相同。经费审查委员会主任按同级工会领导班子副职配备。女职工委员会主任（副主任）按照有关规定配备。

19 区域（行业）职工代表大会具有哪些职权?

区域（行业）职工代表大会，是县级以下一定区域或性质相近的行业内，若干尚不具备单独建立职工代表大会制度条件的中小企业，通过民主选举代表联合召开会议，组织职工参与企业管理，行使民主管理权利，协调解决区域（行业）内劳动关系共性问题的民主管理制度，也是区域（行业）实行厂务公开的有效渠道。区域（行业）职工代表大会在本质上是一种通过代表制、联合制，在一定行政区域和行业范围内职工行使民主管理权利的创新民主形式。

区域（行业）职工代表大会覆盖的企业，可以是互不隶属，各自经济独立，经营方式不同、所有制不同、经营水平不同或是属于不同行业的企业。以代表制、联合制的方式将这些企业聚集在区域（行业）职工代表大会之中，共保区域（行业）职工民主权利，共促区域（行业）内企业和地区（行业）的健康可持续发展。

区域（行业）职工代表大会的任务有：

（1）组织区域（行业）内企业职工参与企业管理，保障职工民主管理权利，推进厂务公开；

（2）促进区域（行业）内企业经营管理者与职工进行有效沟通协调，推动平等协商、集体合同制度的建立与实施，维护职工民主权利、劳动经济利益和精神文化权益，构建和谐稳定的劳动关系，促进企业改革发展和所在地区经济社会协调发展。

区域（行业）职工代表大会的职责有：

（1）听取区域（行业）执行国家有关劳动法规政策情况的报告、区域（行业）劳动关系状况的报告，并提出意见和建议；

（2）讨论区域（行业）内企业有关劳动报酬、工作时间、休息休假、劳动安全卫生、保险福利、职工培训、劳动纪律以及劳动定额管理等直接涉及职工切身利益的重大问题，提出意见和建议；

（3）讨论通过区域（行业）集体合同草案和专项集体合同草案；

（4）审议监督区域（行业）内企业执行劳动法律法规和区域（行业）职工代表大会决定事项情况，签订和履行劳动合同、集体合同情况，缴纳社会保险费情况，实行厂务公开情况等；

（5）审议决定区域（行业）职工代表大会的其他事项。

20 区域（行业）职工代表大会在推进基层治理过程中可以发挥怎样的作用？

当前，我国正处于经济社会发展的重要机遇期。随着工业化、城镇化进程不断加快，转变经济发展方式、调整经济结构的力度进一步加大，非公有制经济迅速发展，中小企业已经成为国民经济和社会发展的重要力量，成为吸纳劳动力、扩大和稳定就业的主渠道。适应非公有制中小企业快速发展和劳动关系的深刻变化，认真总结实践经验，大力推行区域（行业）职工代表大会制度。对于认真贯彻落实党的全心全意依靠工人阶级的指导方针，扩大职工参与民主管理的覆盖面，充分调动、发挥区域（行业）内中小企业职工投身改革发展的积极性和创造性；对于畅通职工理性合法表达利益诉求的渠道，加强厂务公开民主管理制度建设，切实维护职工合法权益；对于促进企业健康发展，推动所在地区经济社会的协调发展等，具有十分重要的意义。

21 区域性、行业性集体协商的重点和难点是什么？

区域性、行业性集体协商围绕区域、行业内用人单位有共同特点的劳动条件、劳动报酬、工作时间、休息休假、劳动安全卫生、保险福利、技能人才待遇等内容展开。

目前，区域、行业劳动关系领域比较突出的问题是职工工作时间长、工资标准不规范、工资水平偏低、职工流动率非常高、劳动关系缺乏稳定性，有些区域内、行业内企业的劳动定额不科学、计件单价缺乏科学的标准，对劳动关系双方都造成不利影响，影响到企业正常运行与发展。

区域性、行业性集体协商的重点应是：行业最低工资标准、工资调整幅度、劳动定额和工资支付办法等。当前，应重点围绕劳动定额、工时工价标准进行协商，逐步建立和完善劳动定额标准的协商共决机制。劳动定额和工时工价标准的确定，必须符合国家和地方有关法律法规的规定，做到科学合理。随着先进技术的应用和劳动生产率的提高，双方应通过集体协商及时修订劳动定额和工时工价标准。行业内各企业工会，还可以根据本企业实际，通过平等协商，就劳动定额、工时工价标准或工资标准等相关问题与企业行政签订补充协议。实践中，难度比较大的是关于劳动定额的协商。由于各行各业的工作岗位类型千差万别，定额标准各不相同，如何入手进行劳动定额的协商，需要缜密思考，进行充分的前期准备。

22 工会经费如何向乡镇（街道）、开发区（工业园区）工会和基层工会倾斜？

工会经费向乡镇（街道）、开发区（工业园区）工会和基层工会倾斜是增强基层工会活力、发挥基层工会作用的重要保障。目前，坚持工会经费使用进一步向基层倾斜主要有以下措施：

（1）全国总工会本级工会经费全年收入的70%用于下级工会的补助，通过经费补助实行项目化管理，把其中大部分资金，经省级工会转拨补助到乡镇（街道）、开发区（工业园区）工会和基层工会。

（2）全国总工会每年从对下补助（不低于补助总额的10%）经费中，安排专项资金用于乡镇（街道）、开发区（工业园区）工会的工作经费。此款项经全国总工会拨付各省级工会后，由各省级工会安排所辖乡镇（街道）、开发区（工业园区）工会专款专用。

（3）省级和市县工会要加大对乡镇（街道）、开发区（工业园区）工会和基层工会的经费投入力度，要在年度本级经费预算中通过转移支付、项目化管理及定额补助等方式，将工会经费向乡镇（街道）、开发区（工业园区）工会和基层工会倾斜，把更多的经费直接用于普通职工群众。

（4）省级工会要按照《中华全国总工会关于新形势下加强基层工会建设的意见》关于"有条件的地方可以由上级工会向基层工会兼职工会干部发放补贴"的规定，制定实施细则，对兼职工会干部发放补贴。

（5）县以上工会要在年度本级经费预算中安排专项资金，解决乡镇（街道）、开发区（工业园区）工会聘用社会化工会工作者的经费问题。

23 乡镇（街道）、开发区（工业园区）工会干部如何配备？

《中华全国总工会关于新形势下加强基层工会建设的意见》指出，企业100家左右、职工5000人左右的乡镇（街道）、省级以上开发区（工业园区）可以设立总工会，作为一级地方工会组织，履行地方工会领导职责。乡镇（街道）设立总工会的，要积极推动乡镇（街道）党（工）委副书记兼任总工会主席，配备1名专职副主席，并配备专职工会干事，同时选配好兼职副主席和委员。

《中华全国总工会关于加强乡镇（街道）工会建设的若干意见》指出，县级以上地方工会应与党委组织部门、编制部门协商，推动把乡镇（街道）工会干部纳入编制内统筹解决，纳入各级党委组织人事工作总体安排进行培养、使用，推动落实工会党员负责人作为同级党（工）委委员候选人提名人选制度。在推荐乡镇（街道）工会主席、副主席人选时，上级工会应积极争取工会主席按党政同级副职配备，专职副主席按中层正职配备。优化乡镇（街道）工会干部队伍结构，保持任期内相对稳定。建立乡镇（街道）总工会的，应设立专职主席（或副主席）和专职工作人员。积极推动乡镇（街道）党（工）委副书记兼任总工会主席。通过“专兼挂”等方式配强乡镇（街道）工会领导班子成员，充分发挥兼职、挂职副主席作用。

《中华全国总工会关于进一步加强开发区、工业园区工会工作的意见》指出，开发区、工业园区工会机构须单独设立，不得合并到党群工作部或其他工作部门。开发区、工业园区工会主席按照同级领导班子副职级配备，副主席享受中层正职待遇。开发区、工业园区党委在推荐开发区、工业园区工会主席、副主席人选时，应征得上级工会的同意，并按照《中国工会章程》有关规定履行民主程序。要选好配强专职工会干部，专职工会干部暂时配备不足的，可通过聘用社会化工会工作者等办法充实工会干部队伍，以适应开发区、工业园区工会开展工作的需要。下设乡镇（街道）的开发区、工业园区要加强乡镇（街道）总工会或工会联合会建设，为其配备专职工作人员，解决工作经费、办公场所等实际问题，充分发挥乡镇（街道）工会承上启下的作用。未设乡镇（街道）的开发区、工业园区根据实际需要建立区域性、行业性基层工会联合会，注重联合会规范化建设，加强对小企业工会组建和维权工作的指导服务。开发区、工业园区工会应建立经费审查委员会和女职工委员会，其每届任期与工会委员会相同。经费审查委员会主任按同级工会领导班子副职配备。女职工委员会主任（副主任）按照有关规定配备。

24 区域性、行业性工会联合会主席、副主席、委员如何产生？

区域性、行业性工会联合会是基层工会的一种组织形式，是由若干个单位在各自成立基层工会组织（基层工会委员会、联合基层工会委员会或基层工会联合会）的基础上，在一定的区域或行业范围内，按照联合制、代表制原则建立的区域性、行业性的基层工会的联合体。

《中华全国总工会关于加强小企业工会联合会建设的意见》指出，按照地域相近、行业相同的原则，在县以下建立区域性或行业性基层工会联合会。联合会委员数额可以根据工作实际需要确定，由联合会的专职工作人员和所属小企业工会主席担任，所属小企业工会数量较多的，可以由所属小企业工会主席民主推举代表担任。联合会可根据工作需要，吸收工商、税务等相关方面的代表参加。建立联合会的同时，建立联合会女职工委员会。联合会主席、副主席可以由全体委员选举产生，也可以由联合会下属各小企业工会联合组成的会员（代表）大会选举产生。每个联合会原则上至少要配备一名专职工作人员，会员人数较多的应适当增加配备人数。联合会专职工作人员一般应作为工会主席、副主席人选。要积极通过向社会公开招聘职业化工会工作者、争取社会公益性岗位、下派工会机关干部代职、争取人员编制等多种途径，为联合会配备专职工作人员。

《中华全国总工会关于加强和规范区域性、行业性工会联合会建设的意见》指出，区域性、行业性工会联合会委员会按照联合制、代表制的原则建立。坚持广泛性和代表性，委员由本区域或行业内所覆盖基层工会的主席和适当比例的有关方面代表等组成，所覆盖基层工会数量较多的，区域性、行业性工会联合会委员会委员可以由所覆盖基层工会主席民主推选代表担任；根据工作需要，可吸收政府有关部门代表参加。区域性、行业性工会联合会委员会的产生适用《工会基层组织选举工作条例》《基层工会会员代表大会条例》等规定。担任区域性、行业性工会联合会主席、副主席职务，必须履行民主程序。区域（行业）工会联合会主席、副主席可以由全体委员选举产生，也可以由区域性、行业性工会联合会所覆盖基层工会联合组成的会员（代表）大会选举产生。区域、行业内的基层单位行政主要负责人不得作为区域（行业）工会联合会委员会委员人选，行业协会（商会）会长、副会长等不得担任区域（行业）工会联合会主席、副主席。上级工会派出的工会干部、社会化工会工作者或者区域、行业龙头骨干企业工会主席、社区工作者等可以作为区域性、行业性工会联合会主席、副主席人选。区域性、行业性工会联合会主席、副主席可以专职，也可以兼职，其任期与区域性、行业性工会联合会委员会相同。区域性、行业性工会联合会委员会委员实行替补、增补制。区域性、行业性工会联合会委员会委员，当其不再担任原工会组织的主要负责人时，其委员职务由其原单位工会新当选的主要负责人经履行民主程序后予以替补。新覆盖基层工会的主要负责人，经履行民主程序，可以增补为区域性、行业性工会联合会委员会委员。

25 什么是新业态工会联合会？其主要作用是什么？

近年来，平台经济、共享经济迅猛发展，企业组织形式和劳动者就业方式发生深刻变化，依托互联网平台就业的货车司机、网约车司机、快递员、外卖配送员等新就业形态劳动者数量大幅增加，成为我国劳动大军的重要组成部分。相较于传统企业的就业人员，相当一部分新就业形态劳动者的工作自由度、自主性提高，呈现出工作时间、地点不确定，劳动关系不明确，职业变换频率高，活动半径大，流动速度快等特点。传统依靠以单位（企业）为主的建会模式难以有效覆盖新就业形态劳动者。在推进新就业形态劳动者建会入会工作中，加强区域（行业）工会联合会建设，对直接吸纳零散新就业形态劳动者入会，根据群体特点更加精准提供维权服务等，具有极为重要的作用。新就业形态劳动者具有工作关系去雇主化、组织方式平台化、工作形式灵活化、用工主体多元化等特点，多数没有固定的工作单位，企业工会和地方工会都难以覆盖到这类群体。成立新业态区域（行业）工会组织可以将分散的、流动的新就业形态劳动者组织起来，成为他们可以信赖和依靠的组织。新业态工会联合会指的就是根据地方和行业实际，在中小微企业比较集中的区域、一个或多个行业成立的以覆盖新就业形态劳动者为主的区域性、行业性工会联合会。

在推进新就业形态劳动者建会入会工作中，新业态工会联合会能更好地发挥吸收新就业形态劳动者入会和管理服务的重要载体作用，有利于进一步扩大工会组织覆盖面。各地工会应结合自身产业结构、区域特点，按照区域相近、行业相同的原则，依托政府职能部门、龙头企业、行业协会、物流园区党建和社会治理网格等，扎实推进不同层级的区域（行业）工会联合会建设，组织辖域内的平台企业及其下属企业、关联企业成立货运、网约车、快递、外卖配送等市、县级行业工会联合会，与县级以下区域性工会联合会共同构筑起纵向到底、横向到边的工会组织网络，作为新就业形态劳动者入会管理服务的重要阵地和承接网上入会的主渠道。

26 为什么要推动新经济组织、新社会组织建会?

近年来，随着社会经济结构的深刻变化，各类新经济组织、新社会组织大量涌现并蓬勃发展，成为社会主义现代化建设的重要力量、党的工作和群众工作的重要阵地及工会工作的重点领域。

（1）加强新经济组织、新社会组织工会组建工作有利于增强党的阶级基础，扩大党的群众基础。

中国共产党是中国工人阶级的先锋队，是中国特色社会主义事业的领导核心。工会是党密切联系职工群众的桥梁纽带，工会全面履行各项职能，有利于组织动员和团结广大职工群众投身和服务于经济建设，实现党的奋斗目标。大力推动包括新经济组织、新社会组织在内的用人单位工会组建工作，把包括农民工、劳务派遣工在内的广大职工最广泛地组织到工会组织中来，扩大工会工作覆盖面，增强工会组织凝聚力，是团结动员广大职工听党话、跟党走，始终做党最坚实、最可靠的阶级基础的必然要求。

（2）加强新经济组织、新社会组织工会组建工作有利于扩大工会组织覆盖、夯实工会组织基础。

扩大工会组织覆盖面、夯实工会基层基础，必然要求将新经济组织、新社会组织中的广大职工组织到工会中来，充分发挥新经济组织、新社会组织工会作用。近年来，各地工会组建和会员发展工作呈现良好的发展态势，但工作中还存在一些突出矛盾和问题。比如，目前工会组建工作仍有不少空白点，中小微企业建会工作有待加强；有的企业虽然建立了工会，但加入工会的职工不多，工会组织作用发挥不够充分。因此，迫切需要把工会组建工作放在更加突出的位置，坚持依法建会、依法管会、依法履职、依法维权，努力把工会工作做到职工中去，进一步夯实中国特色社会主义工会组织基础。

（3）加强新经济组织、新社会组织工会组建工作有利于促进企业发展、维护职工合法权益。

非公有制企业是新经济组织、新社会组织的主体，在增加就业、促进经济社会发展方面的作用日益明显。但非公有制企业工会组织不健全、履行职责不到位、职工合法权益得不到有效保障的现象也较为突出。维护职工合法权益、竭诚服务职工群众是工会的基本职责，是工会工作服从服务于党和国家工作大局的主要手段。只有切实加强非公有制企业工会工作，大力推动非公有制企业普遍建立工会组织，把职工最广泛地组织到工会中来，切实维护职工合法权益，才能团结动员广大职工立足本职岗位建功立业、促进企业和谐与经济发展。

27 新就业形态劳动者如何申请加入工会？

根据《中华人民共和国工会法》和《中华全国总工会关于推进新就业形态劳动者入会工作的若干意见（试行）》等法律法规及文件规定，新就业形态劳动者加入工会具体可分为以下几种情况：

（1）与用人单位建立劳动关系或符合确定劳动关系情形的新就业形态劳动者，应加入用人单位工会。用人单位没有成立工会的，可加入用人单位所在地的乡镇（街道）、开发区（工业园区）、村（社区）工会或区域性行业性工会联合会、联合工会等。待用人单位建立工会后，及时办理会员组织关系接转手续。

（2）不完全符合确立劳动关系情形及个人依托平台自主开展经营活动的新就业形态劳动者，可以加入工作或居住地的乡镇（街道）、开发区（工业园区）、村（社区）工会或区域性行业性工会联合会、联合工会等。鼓励平台企业、挂靠企业工会等吸纳新就业形态劳动者入会。

（3）以劳务派遣形式就业的新就业形态劳动者加入工会，依照《中华全国总工会关于组织劳务派遣工加入工会的规定》执行。用人单位、用工单位均没有成立工会的，可加入用人或用工单位所在地的乡镇（街道）、开发区（工业园区）、村（社区）工会或区域性、行业性工会联合会、联合工会等。

28 新就业形态劳动者注册成为个体工商户、外包、劳务派遣工等是否影响劳动关系的认定？

在新就业形态下，劳动关系与合作关系之间的边界更加模糊，劳动者的劳动形式、劳动时间、工作场所、取酬方式等更加灵活多样。从最高人民法院公布的劳动人事争议典型案例中可以看出，新就业形态劳动者劳动关系的认定应当根据用工的实际情况进行个案判断。

对此，国务院印发的《促进个体工商户发展条例》第三十条第二款规定：“任何单位和个人不得诱导、强迫劳动者登记注册为个体工商户。”在仲裁和司法实践中，最高人民法院认为应当重点审查企业与劳动者之间是否存在劳动管理和从属性劳动，坚决防止“去劳动关系化”规避用工责任，充分保障劳动者各项劳动保障权益。

《关于维护新就业形态劳动者劳动保障权益的指导意见》对平台企业采取合作用工方式组织劳动者完成平台工作的情形作出了规定。在新就业形态劳动争议处理中，一些平台用工合作企业也以外包或劳务派遣等灵活方式组织用工。部分配送站点承包经营企业形式上将配送员的招募和管理工作外包给其他企业，但实际上仍直接对配送员进行劳动管理，在劳动者主张相关权益时通常否认与劳动者之间存在劳动关系，将“外包”当成了规避相应法律责任的“挡风板”“防火墙”，增加了劳动者的维权难度。在仲裁和司法实践中，最高人民法院认为应当谨慎区分劳动关系与各类民事关系，对于此类“隐蔽劳动关系”，不能简单适用“外观主义”审查，应当根据劳动管理事实和从属性特征明确劳动关系主体，依法确定各方权利义务。

因此，关于新就业形态劳动者劳动关系的认定，现阶段应当注重个案分析。劳动者人格及经济从属性是认定劳动关系最核心的标准，判断新就业形态劳动者与用人单位是否构成劳动关系，应以事实为基础，审查双方是否符合劳动关系核心特征；对于适格主体之间，平台企业的指挥、管理与监督权具有决定作用，从业者无实质自主决定权，从业者获得的报酬为其主要经济来源且具有持续稳定特点，其提供的劳动是平台企业的业务组成部分的，应认定双方存在劳动关系。从业者应平台企业要求注册个体工商户、自备部分生产资料、薪酬由其他主体代发、双方事先对身份关系性质进行约定等均不影响劳动关系的认定。

29 新就业形态劳动者权益维护面临的主要问题有哪些?

一方面，现有的劳动法律对于与用人单位存在劳动关系的劳动者保护力度较强。而新就业形态劳动者劳动权益保护的核心，在于判定平台企业跟劳动者之间的法律关系。平台用工中的关系判定，是新就业形态劳动者权益保障面临的一大问题。

另一方面，涉及新就业形态劳动者的权益和社会保障情况较为复杂，主要体现在以下三个方面：一是收入不稳定。随着从业者的增加，分摊到每个人身上的收入有所降低。调研发现，新就业形态劳动者最关注的是收入及岗位的稳定性。二是工作时间较长，由于按单计酬，劳动者只能靠拉长工作时间获得相应的收入。三是职业安全没有得到较好的保障。很多新就业形态劳动者是户外作业，奔波在路上，面临一定的职业风险，因此，迫切需要解决他们的职业安全保障问题。

30 维护新就业形态劳动者合法权益的主要途径有哪些？

一是通过平台企业或平台用工合作企业设置的内部沟通渠道、申诉机制、纠纷调解机构等，与企业协商解决有关问题。二是向所在工会组织或当地工会组织请求予以支持和帮助。三是无法与企业通过协商解决或不愿与企业协商解决有关问题的，可以向人民调解委员会和各级各类专业性劳动争议调解组织申请调解。四是不愿调解，或者调解不成的，属于劳动争议仲裁受案范围的，可以向实际工作地劳动人事争议仲裁机构申请仲裁；不符合劳动争议仲裁受案范围的，可以按照民事诉讼有关规定向有管辖权的人民法院起诉。新就业形态劳动者申请劳动争议仲裁或向人民法院提起诉讼的，可向工会组织申请法律援助等服务。符合法律援助条件的，还可以就近向法律援助机构申请法律援助服务。五是符合劳动保障监察职权范围的事项，可以向劳动保障监察机构举报投诉。

31 新就业形态劳动者在工作中受到伤害该如何处理?

由于现行工伤保险制度建立在劳动关系的基础上，但大部分新就业形态劳动者没有与企业建立劳动关系，不能用现行的工伤保险制度进行权益保障。人力资源和社会保障部、最高人民法院等8部门联合发布的《关于维护新就业形态劳动者劳动保障权益的指导意见》引入职业伤害保险，明确企业要依法合规用工，积极履行用工责任，对符合确立劳动关系情形、不完全符合确立劳动关系情形但企业对劳动者进行劳动管理的新就业形态劳动者权益保障承担相应责任。平台企业采取劳务派遣、外包等合作用工方式的，与合作企业依法承担各自的用工责任。

32 如何提升“小三级”工会精准服务新就业形态劳动者的能力?

加强新就业形态劳动者的权益维护和保障是当前工会组织的重要任务，“小三级”工会承担着“兜底建”的重要任务，迫切需要提高精准服务的能力，最大限度把新就业形态劳动者纳入工会组织中来，实现“吸引过来、组织起来、稳固下来”的目标。

（1）加强自身建设。积极争取党委、政府重视支持，将乡镇（街道）、园区工会、村（社区）工会建设纳入党建工作总体部署，加强与行业主管部门、行业协会等的协同配合，为工会开展工作提供必要的人员、场所、设施和经费保障，建立健全相应的工会组织，不断扩大工会组织覆盖面。

（2）加强阵地建设。深入推进“会、站、家”一体化建设，整合工会自身资源，依托党群服务中心、园区楼宇、银行网点、加油站点、房屋中介等，因地制宜建设“司机之家”“快递员之家”“外卖配送员之家”，扩大覆盖范围，增加服务内容，提升服务质量。大力加强共享职工之家、区域职工之家等阵地建设，努力打造集建会入会、权益维护、帮扶救助、教育培训、文体娱乐、志愿服务等于一体的综合性、区域性服务站点。

（3）突出维权服务。认真履行维权服务基本职责，推动平台企业建立健全以职工代表大会制度为基本形式的企业民主管理制度，推进行业职工代表大会制度建设，保障劳动者的知情权、参与权、监督权、表达权等民主政治权利。建立契合行业实际、体现行业特色的行业集体协商制度，积极与行业组织、平台合作用工企业就劳动定额、计件单价、订单分配、抽成比例、奖惩制度等开展协商，切实维护新就业形态劳动者的劳动经济权益。适应新就业形态劳动者特点，积极开展网上服务，完善线上线下有机融合的服务工作体系。为广大新就业形态劳动者提供更多普惠性、精准化服务，加大免费体检、赠送意外伤害保险、职工互助保障、法律援助等项目投放力度，用暖心服务吸引劳动者入会。加强职业教育培训和岗位技能培训，组织动员新就业形态劳动者积极投身劳动和技能竞赛，增强新就业形态劳动者的职业荣誉感。

33 “小三级”工会如何对新就业形态劳动者实施劳动保护？

新就业形态劳动者群体工作往往流动性大、劳动强度高、时间无规律、劳动收入不稳定，还面临着更高的职业安全和健康风险，社会保障权益缺失的问题更加突出。依法履行工会劳动保护监督检查职责，督促和引导平台履行主体责任，对新就业形态劳动者的劳动保护、安全保障等进行规范，意义十分重大。

（1）“小三级”工会要加大劳动保护宣传力度，引导新就业形态劳动者提升自我保护意识。“小三级”工会要积极组织新业态劳动者学习岗位的安全生产知识，增强安全生产防范意识，提升事故预防和应急处置能力。要主动向新业态劳动者宣传现有的国家社会保障政策，引导其购买基本养老保险、基本医疗保险，购买商业保险作为补充。当新业态劳动者权益遇到侵害时，“小三级”工会要注意收集证据，向劳动行政监察部门检举或通过仲裁、起诉等法律手段保护他们的合法权益。

（2）鼓励商业保险机构为新就业形态劳动者设计开发新型商业保险险种，并通过数字化模式进行推广。建立一套有别于全日制用工的、符合灵活用工特点的社会保障体制机制，可借鉴商业保险模式，打破区域限制，做到随时参保、随时解除、可多用工主体参保、可无雇员个体工商户参保，解决灵活用工群体的全方位保障问题，而非“打补丁”式解决问题，并引导市场主体、社会力量、个人及家庭共建社保体系，做到各尽所能、各得其所。

（3）工会要指导用工需求方与新就业形态劳动者协商签订协议，对企业合理确定劳动报酬、休息休假、安全保护等基本权益提供指导意见。同时，强化劳动监察部门的监督作用，确立监察责任制，细化监察任务，明确监察责任，减轻执法人员的工作负担，提高监察严谨度。通过网络进行线上监察，例如抽取部分新就业形态劳动者进行匿名的网络问卷调查，以此提高监察工作的效率。确立劳动监察部门与企业工会之间的联动机制，将工会的事前协商审核与监察部门的后续监督相结合，加强工会与监察部门之间联系，为新就业形态劳动者劳动保护权益设立全方位的保障。

总之，在完善新就业形态劳动者劳动保护相关立法的基础上，行政机关应当发挥其审查与监督作用，工会应利用开展集体协商、发挥工会劳动保护监督检查网络等有效载体，并驾齐驱为新就业形态劳动者创造坚实的保护屏障。

34 如何进一步加强工会驿站建设?

工会驿站是关心关爱广大户外劳动者的重要载体，是服务职工、服务基层的具体体现。“小三级”工会要进一步巩固拓展“双 15”工程，聚焦工会驿站提质扩面增效。

（1）持续做好工会驿站建设。按照城市重点区域 15 分钟可达的要求拾遗补阙，通过“自建 + 共建”“新建 + 提升”的方式，持续做好驿站建设。开展“最美驿站”选树活动，总结创新做法，适时在辖区内推广。表扬一批在工会驿站建设中表现突出的先进集体和先进个人。

（2）不断加强工会驿站管理。坚持工会驿站分级管理、编码管理。建立健全工会驿站建设运维经费多元主体投入保障机制，积极争取党委、政府重视支持，广泛汇聚爱心企事业单位、社会组织、爱心人士等各方资源。加强工会驿站管理人员业务培训，开展工会干部“当一天站长”活动。推树一批在驿站管理服务方面表现突出的“明星站长”，遴选一批在工会驿站建、管、用及宣传方面的典型案例。

（3）深入聚焦工会驿站使用。着力提高工会驿站服务质量，拓展服务内容，延长开放时间，积极向 8 小时之外延伸服务。将工会驿站使用融入基层社会治理大格局，做好“工会驿站 +”大文章，下沉更多工会服务职工项目，依托工会驿站广泛开展送清凉、送温暖、送岗位、送帮扶、送入会服务、送法律维权、送心理健康等普惠性、公益性活动。

（4）探索创立工会驿站品牌。充分利用各类服务阵地、传统媒体和新媒体，通过公益广告、宣传片、短视频征集等形式培植工会驿站品牌，广泛宣传党和政府及工会组织对户外劳动者的关心关爱，宣传工会驿站的服务功能、服务成效，推动符合条件的工会驿站在百度、高德等互联网地图呈现，切实提高工会驿站的社会知晓度、美誉度。

35 “一函两书”制度是什么？“小三级”工会如何运用该项制度维护职工合法权益？

“一函两书”制度，是工会及相关单位为提醒用人单位落实好劳动法律法规，或纠正其违法劳动用工行为而适用相关文书的制度简称。“一函”是指工会劳动法律监督提示函，“两书”是指工会劳动法律监督意见书和工会劳动法律监督建议书。该制度重在源头预防，目的是通过协调协商方式将劳动关系矛盾纠纷化解在基层，化解在萌芽状态。

“一函两书”制度的适用范围，即用人单位涉及职工利益的内部规章制度的制定、修改、执行，工资集体协商和集体合同制度的建立和执行，职工代表大会制度的建立和落实；劳动合同的订立、履行、变更、解除和终止，劳动报酬分配、调整、支付和社会保险、福利待遇的落实，工作时间、休息和休假制度的执行；安全生产、职业病防治等劳动安全卫生的执行，女职工、未成年工、残疾职工及老年劳动者特殊权益保护，职工教育培训及其经费提取、使用等情况。

各级工会要加强与法院、检察院、人社等部门的合作，大力推进“一函两书”工作。基层工会要把劳动法律监督组织普遍建立起来，充分调动劳动法律监督员、工会劳动保护监督检查员、劳动争议调解员等队伍的积极性、能动性，强化培训培养，对发生的违法行为及时发出提示，切实承担起经常性监督的责任。

36 职工代表大会提案是什么？和合理化建议有何不同？

职工代表大会提案，是指职工代表就企业的改革和发展及职工普遍关心的问题，在广泛征集职工意见、调查研究的基础上，按照规定的程序，在规定的时间内向职代会提出，经提案审查委员会（小组）审查立案后，由企业相关部门或人员承办落实的书面意见和建议。

职工代表大会提案和合理化建议有以下几点区别：

（1）性质不同。职工代表大会提案是职工代表大会制度的重要组成部分，是法定的企事业单位民主管理形式。合理化建议则是企事业单位发动广大职工为企事业发展献计出力的一项活动。另外，职工代表大会提案具有中国特色，是中国企业实行以职工代表大会为基本形式的民主管理的产物，是民主管理工作的重要载体。合理化建议也是民主管理工作之一，它在世界范围内广泛开展和应用，多地以企业管理模式的形式存在。

（2）参与对象有差异。职工代表大会提案一般必须由职工代表提出；非正式职工代表一般不可以向职工代表大会提出提案，也不能作为提案的附议人，但可以通过职工代表提出，或者提出书面的建议和意见，由提案审查委员会（小组）转请有关部门研究处理。合理化建议则是所有的职工都可以参与，企业也鼓励每一位职工积极提出合理化建议。

（3）组织和工作机构不同。职工代表大会提案由职工代表大会负责，具体工作由提案审查委员会（小组）承担，工作机构在企业工会。合理化建议则情况不同。有的单位明确由行政负责，吸收技术、工会等有关部门的人员参加，负责本单位合理化建议和技术改进项目的评议审定工作，工作机构设置在企管部门；有的虽然明确由行政负责，吸收包括工会在内的有关部门参加，但具体的工作机构在工会，即由工会负责具体的日常工作。

（4）征集的时机和形式不同。职工代表大会提案一般在职代会召开前一个月，由工会负责征集，使用工会文号发出征集通知，截止日期一般在职工代表大会召开前几天，有的单位会延迟到职工代表大会结束。合理化建议则基本上是全年都在征集，有的单位开展专题征集，有的单位习惯于将每年的某个月作为开展某项专题的合理化建议月，有的单位每季度征集表彰一次。

（5）激励机制不同。职工代表递交提案、参与提案工作，更多源于责任和义务的驱动。合理化建议则更强调激励原则，在实际工作中，一些职工的合理化建议往往可以成为创新成果，而一项创新成果的推广应用可以为企业带来直接或间接的经济和社会效益。合理化建议的奖励依据国务院颁布的《合理化建议和技术改进奖励条例》，由企业行政支出。

37 会员代表大会和职工代表大会为什么要分别召开，两者有何区别？

会员代表大会和职工代表大会有以下几点区别：

（1）性质不同。会员代表大会是基层工会的权力机关；职工代表大会是职工行使民主管理权力的机构，是企业实行民主管理的基本形式。

（2）归属不同。会员代表大会是“工会内部的事”，职工代表大会是“企业内部的事”。

（3）职权不同。会员代表大会的职权有 7 项为：审议和批准基层工会委员会的工作报告；审议和批准基层工会委员会经费收支预算决算情况报告、经费审查委员会工作报告；开展会员评家，评议基层工会开展工作、建设职工之家情况，评议基层工会主席、副主席履行职责情况；选举和补选基层工会委员会和经费审查委员会组成人员；选举和补选出席上一级工会代表大会的代表；罢免其所选举的代表、基层工会委员会组成人员；讨论决定基层工会其他重大事项。

职工代表大会职权有6项：听取企业主要负责人关于企业发展规划、年度生产经营管理情况，企业改革和制定重要规章制度情况，企业用工、劳动合同和集体合同签订履行情况，企业安全生产情况，企业缴纳社会保险费和住房公积金情况等报告，提出意见和建议；审议企业制定、修改或者决定的有关劳动报酬、工作时间、休息休假、劳动安全卫生、保险福利、职工培训、劳动纪律以及劳动定额管理等直接涉及劳动者切身利益的规章制度或者重大事项方案，提出意见和建议；审议通过集体合同草案，按照国家有关规定提取的职工福利基金使用方案、住房公积金和社会保险费缴纳比例和时间的调整方案，劳动模范的推荐人选等重大事项；选举或者罢免职工董事、职工监事，选举依法进入破产程序企业的债权人会议和债权人委员会中的职工代表，根据授权推荐或者选举企业经营管理人员；审查监督企业执行劳动法律法规和劳动规章制度情况，民主评议企业领导人员，并提出奖惩建议；法律法规规定的其他职权。

（4）参会代表比例不同。会员人数100人以上开会员代表大会，会员代表按会员人数确定比例。职工人数50人以上开职工代表大会，职工代表不少于全体职工人数的5%，最低不少于30人。

基于以上几点区别，《基层工会会员代表大会条例》第四十三条明确规定，会员代表大会与职工代表大会应分别召开，不得互相代替。如在同一时间段召开的，应分别设置会标、分别设定会议议程、分别行使职权、分别作出决议、分别建立档案。

38 如何运用数字化手段开展企业民主管理工作？

当今世界已全面进入数字时代，数字化加速融入经济社会发展各领域全过程。在企业民主管理的各个环节加强数字化手段运用，能够以先进技术保障最广泛、最真实、最管用的全过程人民民主在企业走深走实。具体来说，厂务公开和职代会的召开都可以采用线上线下相结合的方式来进行。

数字时代，要充分利用网络平台增强厂务公开实效性，应注意以下几个方面：

（1）借助网络速度，选准厂务公开的切入点。网络为企业厂务公开的快速反应提供了可能。应通过网络及时了解掌握职工的思想动态，增强企业厂务公开的及时性和针对性。针对职工关注的热点问题，及时分析和研究，有效化解矛盾，妥善应对不稳定事件特别是群体性事件。

（2）依托网络资源，丰富厂务公开内容的“知识含量”。丰富的知识内涵是提高厂务公开的有效保障，要善于开发利用网上资源，增强厂务公开的知识性、趣味性、新颖性。如发挥网络直观形象、灵活多变的优势，编辑制作有关民主管理的多媒体视频，建立厂务公开网上专属渠道等。

（3）利用网络特点，创新厂务公开方式。网络所特有的知识传播和信息传播功能，为改变以灌输性、命令性、说教式为主的传统企业管理模式提供了有利条件。要利用这一特点，以职工喜闻乐见的方式，提高厂务公开对职工的吸引力。针对网络时代使抽象的厂务公开趋于具体的实际，通过网络的宣传策划，强化职工对企业文化的认同，并帮助职工分享、共创企业价值观，形成强烈的归属感；针对厂务公开是一个敞开系统的实际，不断拓展和补充新的厂务公开内涵，及时反映诸如企业行政管理不到位、干部作风不实、设备质量不高、纪律松散等问题，起到监督平台的作用；针对越来越多的职工借助网络平台发表意见的实际，深入了解职工的需求动态，掌握职工的心理状况，使网上平台成为解决企业一些焦点问题的意见集中发散地，更好地发挥职工参与企业民主管理的作用。

同样，有了互联网技术的加持，职代会“云上线”，可以保证职工民主权利“不掉线”。线上召开职代会要做到程序不减、内容不删、环节不少、标准不降，可以设置一个主会场，几个分会场，每个会场控制一定的人数。表决可以用手机在微信群或者相关软件平台上进行，同时发表意见和建议，采用大屏幕直播。会前提前下发线上职代会有关通知和操作流程，按照企业工会和相关责任部门的要求，做好会前、会中、会后详细且全面的安排部署。

39 劳动安全卫生专项集体合同主要包括哪些内容？

劳动安全卫生专项集体合同内容主要包括：劳动安全卫生组织机构和规章制度建设；劳动安全卫生责任；劳动条件（包括职业危害告知）、防护措施和安全投入；安全技术规程；劳动安全卫生教育培训制度；劳动保护用品的发放、维护和使用标准；定期健康检查和职业健康监护；事故应急救援；女职工和未成年工的特殊保护；休息和休假；群众监督；合同的变更解除和终止条款；履约监督和违约责任；集体合同争议处理的条款；双方首席代表签字；人力资源和社会保障部门的审查意见；合同生效日期、有效期限；向全体人员公布及方式等。

劳动安全卫生专项集体合同的签订必须履行法定程序，具体包括：（1）职工代表大会审议通过劳动安全卫生专项集体合同草案。职代会审议时应坚持合法、职工意愿、双赢目标原则。（2）劳动安全卫生专项集体合同草案经职代会表决通过后，由工会主席代表职工与企业方的首席代表在劳动安全卫生专项集体合同文本上签字。（3）自签字之日起 10 日内，工会方要积极协助企业方将劳动安全卫生专项集体合同文本一式三份报送劳动保障行政部门尤其对合同签约主体资格、合同内容、签订程序进行合法性的审查备案，在 15 日内未提出异议的即行生效。如果劳动保障行政部门提出异议，工会方要积极会同企业方按照协商和签约的程序规定，对异议部分依法进行修改后重新报送劳动保障行政部门审查备案。（4）从劳动安全卫生专项集体合同生效之日起，工会应当以适当的形式向全体职工公布，让每个职工熟知其中的内容，行使好自己的权利，履行好自己的义务。

开展平等协商、签订和履行劳动安全卫生专项集体合同是一个有机整体。集体合同的监督检查要贯穿于集体合同工作的整个过程。劳动安全卫生专项集体合同签订完成后，要加强对其的监督检查。监督检查的内容包括合同签订过程中的监督检查和合同履行过程中的监督检查。重点是检查签订集体合同的情况，强化履约监督，追究违约责任。监督检查可分为企业内部的监督检查和外部的监督检查，两者主体不同。企业内部的监督检查主体是企业行政、工会和职工；企业外部的监督检查主体是政府的劳动保障部门，以及与之相应的劳动法律执法检查和集体合同监督检查组织。应建立健全监督检查组织制度和工作制度、履约责任制、整改反馈制、责任追究制等。每年应至少进行一次专门的劳动安全卫生专项集体合同的履约检查，每年向职代会报告合同履约情况。

40 工会参加因工伤亡事故调查处理的工作流程是什么？

工会参加因工伤亡事故调查处理是法律赋予工会的重要职责，也是工会维权的重要手段。发生职工因工伤亡事故，事故单位工会应当积极协助抢救，减少人员伤亡，保护好事故现场，并协助做好伤亡职工家属安抚及善后处理工作。各级工会组织要在生产安全事故报告和调查处理中履行好监督职责。坚持“四不放过”原则，对事故报告和调查处理的全过程进行监督，确保事故调查的客观、公正和高效；要切实维护伤亡职工及家属的合法权益，善于发现事故调查过程中存在的问题，敢于提出工会的意见和主张；要跟踪监督防范和整改措施的落实情况。工会参与事故调查人员要恪尽职守，遵守事故调查组的纪律，完成各项工作任务。工会组织依法对生产经营单位执行有关生产安全事故报告及调查处理的情况实行群众监督。依法派员参加事故调查处理，并有权向有关部门提出处理意见。各级工会按规定对生产经营单位发生的职工伤亡事故，独立负责地向上级工会报告。地方总工会应当与应急管理部门和负有安全生产监督管理职责的部门建立健全生产安全事故信息互通机制，及时准确掌握生产安全事故有关工作信息。

根据中华全国总工会办公厅关于认真贯彻《生产安全事故报告和调查处理条例》的通知要求，要严肃事故报告制度，明确事故报告的程序和时限。

事故发生后，建立工会组织的企业，工会要在第一时间向所在地地方工会组织报告，地方工会组织要在 1 小时内按预测事故等级逐级上报至省（区、市）总工会，特别重大事故在逐级上报的同时可直接报全国总工会；未建立工会组织的企业，地方工会组织要在第一时间按预测事故等级逐级上报至省（区、市）总工会直至全国总工会。

工会组织接到事故报告后，分管领导及劳动保护部门主要负责人要在第一时间赶赴现场，配合地方党委、政府及企业开展抢险救灾工作。要发挥工会组织的桥梁和纽带作用。组织力量配合企业和政府做好伤亡职工家属的稳定和安抚工作。要摸清伤亡职工家庭状况，积极参与补偿方案和标准的制定，发现特殊困难的，工会组织要给予特殊关注，切实维护职工的合法权益。

报告形式可以是电话报告，也可以是书面报告，报告内容应包括：事故发生单位、事故发生时间、地点及事故现场情况、事故已经造成或者可能造成的伤亡人数和初步估计的直接经济损失、已经采取的措施及其他应当报告的事项。

由省级组织调查的事故，待事故调查结束后，应尽快将事故调查报告报全国总工会。

各级工会应建立职工伤亡事故统计、分析、报告制度，填写报表要认真、准确、内容齐全，经领导人审核并加盖公章。

工会参加事故调查处理的人员，应当按照《生产安全事故报告和调查处理条例》的有关规定，认真履行职责，遵守事故调查组的纪律，保守事故调查的秘密。未经事故调查组组长允许不得擅自发布有关事故的信息。下级工会在参加事故调查处理过程中，对事故原因分析、责任认定等发生困难时，可请求上级工会帮助指导，上级工会应当给予支持和帮助。事故调查工作结束后，参加事故调查的工会工作人员应当将参与事故调查的情况及时向派出工会专题汇报。

41 在事故隐患和职业病危害作业点整改过程中，工会应重点做好哪几项工作？

事故隐患是指在生产劳动中有可能导致事故，但通过采取一定办法或措施能够排除或抑制的潜在的不安全因素。职业病危害作业点是指由于工艺技术、设备、卫生防护设施等的缺陷，致使生产劳动环境中存在一些物理的、化学的、生物的有害物质，可能对接触者造成职业病危害或患职业性疾病的作业点。检查发现并整改工业生产中的各种事故隐患和职业病危害是预防各种事故和职业病的一项重要措施。工会应重点开展对事故隐患和职业病危害作业点的检查登记、评估建档、跟踪监督整改、报告存档工作。

（1）检查与登记。基层工会劳动保护监督检查委员会要组织其委员独立或协同行政有关方面，开展定期、不定期的全面或专项安全卫生检查；工会小组劳动保护检查员要发动班组职工检查、发现工作场所的各种事故隐患和职业病危害作业点，并及时登记。

（2）评估与建档。对检查发现的事故隐患和职业病危害作业点，基层工会要会同行政有关部门做好评估工作，必要时要求企业委托具备资质的安全评价机构对隐患进行评估。在评估的基础上进行分级，提出整改措施。需要跟踪监督检查的事故隐患和职业病危害作业点应当按照要求建立档案。

（3）整改与工会监督检查。对评估和建档的事故隐患和职业病危害作业点，企业应当及时落实整改措施，工会负有跟踪监督检查与协助企业行政落实整改的责任，主要有：一是凡是能够在班组、车间和企业内解决的事故隐患和职业病危害作业点，应列为跟踪监督检查的目标，监督、协助行政实施整改，并发动与组织职工积极参与整改。二是对可能发生火灾、爆炸、坍塌和急性中毒等事故隐患和职业病危害作业点，要作为跟踪监督整改的重点。三是凡是可以解决的问题，应督促有关方面立即落实整改措施及时解决；暂时不能解决的问题，应根据实际情况向行政提出限期整改的意见，并协助行政确定解决措施、解决时间和负责人；凡能列入企业安全措施计划、大修计划、技术改造工程和其他项目的事故隐患，应建议并督促企业行政将其列入有关措施计划认真加以落实。四是重大问题应提交职工代表大会审议并监督执行。五是在事故隐患和职业病危害作业点整改措施未落实期间，应建议、协助并监督企业行政采取应急防范措施。

（4）报告与存档。企业自身无法解决的事故隐患和职业病危害作业点，基层工会应及时填写事故隐患和职业病危害作业点报告书，报上级工会劳动保护部门，同时建议企业行政报上级主管部门。上级工会劳动保护部门对下面上报的事故隐患应建档并实行跟踪监督检查，仍无法解决的应逐级上报建档，实行跟踪监督检查。对于已经建档的事故隐患，要定期认真进行统计、分析。自身无法解决的事故隐患，要写出详细的专题报告，说明理由，请上级组织给予解决。对于已经整改的事故隐患应存档，在档案中要注明整改的日期、整改负责人、所采取措施、整改效果及取得的经验和体会。

42 基层工会委员会和基层工会经费审查委员会如何选举产生？

根据《工会基层组织选举工作条例》，基层工会委员会由会员大会或会员代表大会选举产生。召开会员代表大会进行选举的，参加选举的人数为应到会人数的三分之二以上时，方可进行选举。基层工会委员会委员和常务委员会委员应差额选举产生，可以直接采用候选人数多于应选人数的差额选举办法进行正式选举，也可以先采用差额选举办法进行预选产生候选人名单，然后进行正式选举。委员会委员和常务委员会委员的差额率分别不低于 5%和 10%。常务委员会委员应从新当选的工会委员会委员中产生。工会委员会的主席、副主席，可以由会员大会或会员代表大会直接选举产生，也可以由工会委员会选举产生。基层工会主席、副主席可以等额选举产生，也可以差额选举产生。主席、副主席应从新当选的工会委员会委员中产生，设立常务委员会的应从新当选的常务委员会委员中产生。选举采用无记名投票方式。不能出席会议的选举人，不得委托他人代为投票。会员或会员代表在选举期间，如不能离开生产、工作岗位，在监票人的监督下，可以在选举单位设立的流动票箱投票。被选举人获得应到会人数的过半数赞成票时，始得当选。获得过半数赞成票的被选举人人数超过应选名额时，得赞成票多的当选。如遇赞成票数相等不能确定当选人时，应就票数相等的被选举人再次投票，得赞成票多的当选。基层工会委员会、常务委员会和主席、副主席的选举结果，报上一级工会批准。上一级工会自接到报告 15 日内应予批复。违反规定程序选举的，上一级工会不得批准，应重新选举。基层工会委员会的任期自选举之日起计算。

凡建立一级工会财务管理的基层工会组织，应在选举基层工会委员会的同时，选举产生经费审查委员会。经费审查委员会是基层工会委员会领导下负责工会经费审计的组织。基层工会经费审查委员会委员名额一般 3 至 11 人。经费审查委员会设主任 1 人，可根据工作需要设副主任 1 人。基层工会的主席、分管财务和资产的副主席、财务和资产管理部门的人员，不得担任同级工会经费审查委员会委员。基层工会经费审查委员会由会员大会或会员代表大会选举产生。主任、副主任可以由经费审查委员会全体会议选举产生，也可以由会员大会或会员代表大会选举产生。基层工会经费审查委员会的选举结果，与基层工会委员会选举结果同时报上一级工会批准。基层工会经费审查委员会的任期与基层工会委员会相同。

43 计算会员会费的基础和依据是什么？

会费收入是指工会会员依照全国总工会规定按本人工资收入的 5‰向所在基层工会交纳的会费。要正确计算会员会费，就要明确两个口径：一是会员的范围，二是工资收入的范围。

（1）会员的范围。《中国工会章程》第一条规定："凡在中国境内的企业、事业单位、机关、社会组织中，以工资收入为主要生活来源或者与用人单位建立劳动关系的劳动者，不分民族、种族、性别、职业、宗教信仰、教育程度，承认工会章程，都可以加入工会为会员。工会适应企业组织形式、职工队伍结构、劳动关系、就业形态等方面的发展变化，依法维护劳动者参加和组织工会的权利。"

《工会会员会籍管理办法》第七条规定："非全日制等形式灵活就业的职工，可以申请加入所在单位工会，也可以申请加入所在地的乡镇（街道）、开发区（工业园区）、村（社区）工会和区域（行业）工会联合会等。"第九条规定："劳务派遣工可以在劳务派遣单位加入工会，也可以在用工单位加入工会。劳务派遣单位没有建立工会的，劳务派遣工在用工单位加入工会。"

（2）工资收入的范围。工资收入的范围是指基本工资。会员所得各种奖金、津贴、稿费收入以及按劳动保险条例或其他法令规定所领取的各种补助费、救济费、退休金、退职金等，均不计算交纳会费。至于企业工会会员的工资收入和奖金津贴收入如何区分的问题，可以按各企业的支付办法掌握处理：凡是企业作为工资发给的，应计算交纳会费，凡是作为津贴奖金发给的，不计算交纳会费。

（3）关于会员会费的几个特殊规定。一是无固定收入的会员，可按本人上月所得工资额计算交纳会费。二是工资尾数不足 10 元的不计交会费。三是会员没有正当理由连续 6 个月不交纳会费、不参加工会组织活动，经教育拒不改正，应当视为自动退会。四是会员离休、退休和失业，可以保留会籍。保留会籍期间免交会费。五是机关提前离岗休息的会员和企业下岗待岗的会员，如已不属于本单位职工，所得收入已不列入本单位的工资总额组成范围，可以保留会籍，免交会费；如仍属于本单位职工，所得收入仍是本单位工资总额的组成部分，则仍应按照本人实际工资收入计算交纳会费。

44 工会经费使用“八不准”的具体内容是什么？

根据《关于加强基层工会经费收支管理的通知》，工会经费支出范围的“八不准”指的是：

（1）不准使用工会经费请客送礼。

（2）不准违反工会经费使用规定，滥发奖金、津贴、补贴。

（3）不准使用工会经费从事高消费性娱乐和健身活动。

（4）不准单位行政利用工会账户，违规设立“小金库”。

（5）不准将工会账户并入单位行政账户，使工会经费开支失去控制。

（6）不准截留、挪用工会经费。

（7）不准用工会经费参与非法集资活动，或为非法集资活动提供经济担保。

（8）不准用工会经费报销与工会活动无关的费用。

45 会费收入和拨缴经费收入有何区别？

会费收入和拨缴经费收入是基层工会组织必要的两项收入来源，但两者有着较大的区别，主要表现为以下 5 个方面：

（1）缴费主体不同。会费收入缴费主体为工会会员本人，拨缴经费收入缴费主体为机关、企事业单位。

（2）缴费基础不同。会费收入缴费基础为工资收入，拨缴经费收入缴费基础为工资总额（包括奖金、津贴以及各种补助等）。

（3）缴费范围不同。会费收入只有会员才需缴纳，拨缴经费收入缴费范围为全部职工（包括非会员的职工）。

（4）缴费比例不同。会费收入缴费比例为工资收入的5‰，拨缴经费收入缴费比例为全部职工工资总额的2%。

（5）使用对象不同。会费收入全部留在基层工会，无须上缴，供基层工会开展会员集体活动所用，拨缴经费收入由单位行政拨缴后，需在基层工会和各级总工会组织之间分成，并逐级上缴。

46 从工会经费中支付职工的福利费是否需缴纳个人所得税？

《个人所得税法》及实施条例规定，从企业、事业单位、国家机关、社会组织提留的福利费或者工会经费中支付给个人的生活补助费，免征个人所得税。

《国家税务总局关于生活补助费范围确定问题的通知》第一条规定，生活补助费，是指由于某些特定事件或原因而给纳税人本人或其家庭的正常生活造成一定困难，其任职单位按国家规定从提留的福利费或者工会经费中向其支付的临时性生活困难补助。

《国家税务总局关于生活补助费范围确定问题的通知》第二条规定，下列收入不属于免税的福利费范围，应当并入纳税人的工资、薪金收入计征个人所得税：（1）从超出国家规定的比例或基数计提的福利费、工会经费中支付给个人的各种补贴、补助；（2）从福利费和工会经费中支付给本单位职工的人人有份的补贴、补助；（3）单位为个人购买汽车、住房、电子计算机等不属于临时性生活困难补助性质的支出。

47 如何建设一支高质量的社会化工会工作者队伍？

社会化工会工作者，主要指在工会核定编制之外，通过社会公开招聘等方式使用的专职从事工会工作的人员，是社会工作专业人才队伍的重要组成部分。社会化工会工作者原则上由市、县（市、区）总工会统筹配置，定岗在基层工会，未经聘用单位同意，不得兼任其他职务。

《中华全国总工会关于加强小企业工会联合会建设的意见》指出，要立足当前，着眼长远，建立健全社会化、职业化工会工作者招聘选用、工作职责、管理考核、福利待遇等相关制度，用创新的方法解决遇到的困难和问题，关心他们的成长进步，帮助他们解决实际问题，保护和调动他们的工作积极性。全国总工会办公厅印发的《中华全国总工会关于加强乡镇（街道）工会建设的若干意见》指出，要建设社会化工会工作者队伍。落实《中华全国总

工会 民政部 人力资源社会保障部关于加强工会社会工作专业人才队伍建设的指导意见》，巩固发展社会化工会工作者队伍，将其作为乡镇（街道）工会专职人员的重要来源。地方工会要通过争取公益性岗位、直接聘用、购买服务等方式，积极发展社会化工会工作者队伍，建立健全选聘、管理、使用等制度。职工 2000 人以下的乡镇（街道）工会，可配备 1 名社会化工会工作者；职工 2000 人以上的，每 3000 人可配备 1 名社会化工会工作者。社会化工会工作者可以作为区域性、行业性工会联合会主席（副主席）候选人。

社会化工会工作者队伍有力推动解决了基层工会“无人干事”的问题。为使这支队伍留得住、留得久，一要提高薪酬待遇。根据社会化工作者的学历、工龄、工会工作时间、考核结果制定薪酬等级和工资档次。在缴纳养老、医疗、失业、工伤、生育等社保基础上，为其缴纳适量的住房公积金，建立健全工资正常增长机制，保障其带薪年休假、产假、婚假等福利待遇。落实全总及各级总工会每月经济补贴，适当提高他们工资待遇。可以招录当地户籍或常住人口的人员，适当放宽招聘年龄，社会化工作者队伍的稳定性将会大幅提升。二要拓展职业晋升通道。畅通优秀社会化工会工作者进入党政机关、事业单位的通道，使其有明确的上升空间与奋斗路径。同时，利用评先评优等抓手激励社会化工会工作者，表彰激励在工会工作中做出贡献的人员，营造奋发向上的良好氛围；在劳模、工匠的选树中纳入社会化工会工作者，宣传他们的事迹和精神，增强社会对社会化工会工作者的认同感以及社会化工会工作者的荣誉感和自豪感。三要树立高度重视、关心关爱社会化工会工作者的鲜明导向，帮助他们树立乐观向上、积极进取的良好心态，在调研、走访和日常工作中多多了解他们在生活、工作中遇到的困难，及时伸出援助之手，给他们送去“娘家人”的温暖。

48 如何提高“小三级”工会干部的能力素质？

“小三级”工会是基层工会的基础，干部的能力素质是“小三级”工会赖以发挥作用的关键。

（1）加大培训力度。省级工会要制定培训规划，市、县级工会根据规划认真组织实施。各级工会应高度重视“小三级”工会干部培训工作。《中华全国总工会关于加强乡镇（街道）工会建设的若干意见》指出，新任乡镇（街道）工会主席、专职副主席在上岗一年内应参加上级工会组织的脱产培训，并达到合格；其他干部可通过脱产培训、以会代训、交流研讨、网上学习等多种途径，提高理论政策水平和业务工作能力，以适应岗位需求。

（2）开展岗位练兵。以练促建，快速提升业务能力，不断提升“小三级”工会干部的学习能力、调研能力、交流信息能力。通过举办经验交流会、参观学习等方式增强思想意识、拓展工作思路，创新工作方法。鼓励“小三级”工会干部不断加强自主学习能力，利用工会专业书籍、网站、“学习强会”平台等循序渐进提高理论知识、增强业务本领与服务能力。

（3）实施“思想淬炼、政治历练、实践锻炼、专业训练”素质提升路径。思想淬炼，炼的是广大工会干部的价值观。坚定共产主义理想和中国特色社会主义信念，全面领会习近平新时代中国特色社会主义思想彰显的真挚人民情怀、高度自觉自信、无畏担当精神，不断提升工会干部的思想理论水平，使忠诚党的事业这一初心更纯粹、维权服务职工这一使命更坚定。政治历练，练的是广大工会干部的大局观。坚持正确政治方向，关键看是否坚持党的领导和中国特色社会主义制度，自觉服从服务于党和国家工作大局；关键看是否养成一切问题首先从政治上看的高度自觉，担当起巩固党执政的阶级基础和群众基础这一政治责任；关键看能否引导职工群众听党话、跟党走，把广大职工凝聚在党的周围。实践锻炼，炼的是广大工会干部的群众观。走到职工群众中去，多做统一思想、凝聚人心、化解矛盾、增进感情、激发动力的工作，密切同职工群众联系，始终同职工群众心连心。走在职工群众前列，在经济社会发展最需要的地方、在企业生产一线、在职工群众工作实践中建功立业，始终充满朝气、充满活力、充满创新，推动形成奋发有为的生动局面。专业训练，练的是广大工会干部的职业观。牢固树立工会意识，提升专业素养。用专业思维、专业态度、专业标准从事工会事业，紧跟形势发展、着眼工会事业需要以及满足职工新期盼及时补充专业知识，运用专业能力维护职工合法权益、竭诚服务职工群众，践行执着专注、精益求精、一丝不苟、追求卓越的工匠精神。

49 人工智能背景下，“小三级”工会如何创新维权工作的方式方法？

维护职工合法权益是工会的基本职责，也是工会一项重点工作。现有的维权模式以后置模式为主，即职工合法权益已经受到侵害，矛盾激化到一定程度后职工才向工会寻求帮助。而人工智能等技术的加持，为工会维权服务前置模式提供了可行性保障。工会可以通过建立分析研判模型，预先对职工维权需求进行精准识别，“小三级”工会可以在矛盾激化前预先介入，主动提供维权服务，将可能激化的矛盾消除在萌芽阶段。

“小三级”工会可尝试建立“法律维权案例库 + 职工维权需求”自动识别系统，从中国判决文书网、人民法院调解平台等渠道获取与维权相关的判决书和案例，由专业维权律师团队进行整理分类、解读分析，再将案例录入“智慧维权”系统，职工输入关键字即可一键搜索相关案例内容。基于平台实名制的特点，利用大数据分析技术，后台可以根据职工查询案例类别、访问时长，精准识别职工潜在的维权需求，将职工所在企业基本情况、不稳定因素等预警信息及时推送给工会工作人员，确保工会第一时间掌握维权需求，及时干预调解，将维权端口前置，把矛盾化解在萌芽阶段。

50 人工智能可以为“小三级”工会提升对新就业形态劳动者的智能化服务水平提供哪些支持?

随着平台经济、共享经济的发展，新就业形态劳动者的数量不断增长，成为劳动力市场的重要组成部分。新就业形态劳动者群体具有组织方式平台化、工作机会互联网化、工作时间碎片化、就业契约去劳动关系化及流动性强、组织程度偏低等特点，需要切实加强对新就业形态劳动者的权益保障。而人工智能技术的引入，在“小三级”工会加强对新就业形态劳动者的服务和保障方面，具有巨大的潜力和应用价值。

（1）智能化的收集和分析信息。随着新就业形态的发展，劳动者的需求和问题也呈现出多样化和复杂化的特点。传统的信息收集和分析方法往往难以应对这一挑战。而人工智能技术可以通过自然语言处理、机器学习等技术，对大量的新就业形态劳动者信息进行智能化的收集和分析。

（2）提供个性化的服务。基于人工智能的分析结果，“小三级”工会可以为新就业形态劳动者提供个性化的服务。这不仅可以提高服务的针对性和有效性，还可以增强新就业形态劳动者的满意度和归属感。

（3）智能化的权益维护。新就业形态劳动者往往面临着权益保障的挑战。人工智能可以帮助工会更有效地维护新就业形态劳动者的权益，具体包括：通过智能化的监测系统，及时发现和预警潜在的劳动纠纷和风险；协助工会处理新就业形态劳动者的投诉和咨询，提高处理效率和准确性；通过自然语言处理等技术，对新就业形态劳动者的投诉和咨询进行自动分类和归纳，为工会制定针对性的解决方案提供支持。通过智能化的权益维护，“小三级”工会可以及时发现和解决劳动者的权益问题，维护劳动关系的和谐稳定。

（4）智能合作与资源共享。一方面，人工智能可以帮助工会与其他平台或机构建立合作关系，实现资源共享和互利共赢。例如，通过与在线教育平台合作，为新就业形态劳动者提供更丰富的学习资源。另一方面，利用人工智能技术，“小三级”工会可以实现对资源的智能调配和管理，确保资源的高效利用和合理分配，有助于为新就业形态劳动者提供更全面、更优质的服务和保障。

第二部分

流程图示

基层工会组建工作总流程

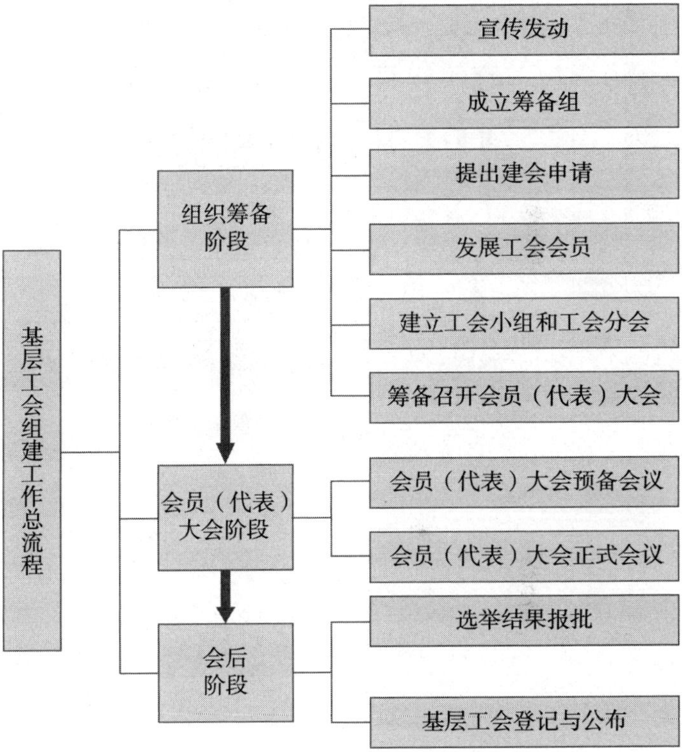

工会会员会籍管理工作流程

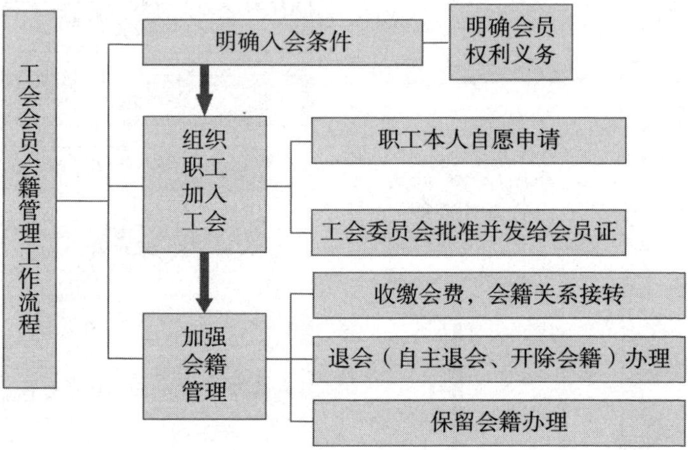

会员代表选举流程

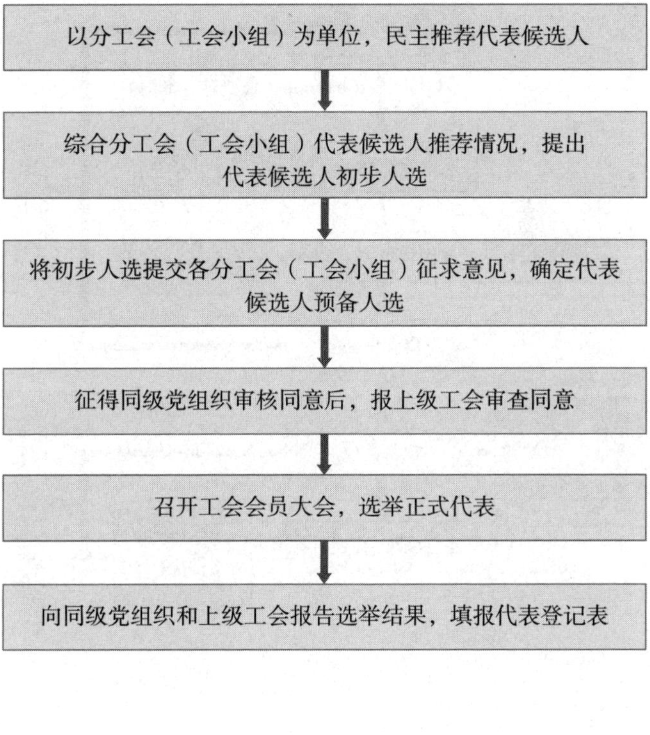
以分工会（工会小组）为单位，民主推荐代表候选人
综合分工会（工会小组）代表候选人推荐情况，提出代表候选人初步人选
将初步人选提交各分工会（工会小组）征求意见，确定代表候选人预备人选
征得同级党组织审核同意后，报上级工会审查同意
召开工会会员大会，选举正式代表
向同级党组织和上级工会报告选举结果，填报代表登记表

职工（代表）大会总流程

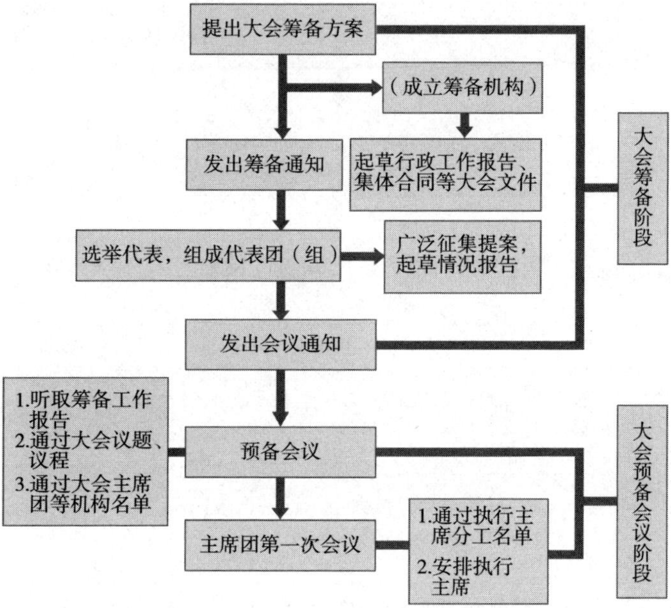
提出大会筹备方案
（成立筹备机构）
发出筹备通知
起草行政工作报告、集体合同等大会文件
选举代表，组成代表团（组）
广泛征集提案，起草情况报告
发出会议通知
大会筹备阶段
1.听取筹备工作报告
2.通过大会议题、议程
3.通过大会主席团等机构名单
预备会议
主席团第一次会议
1.通过执行主席分工名单
2.安排执行主席
大会预备会议阶段

职工之家建设工作总流程

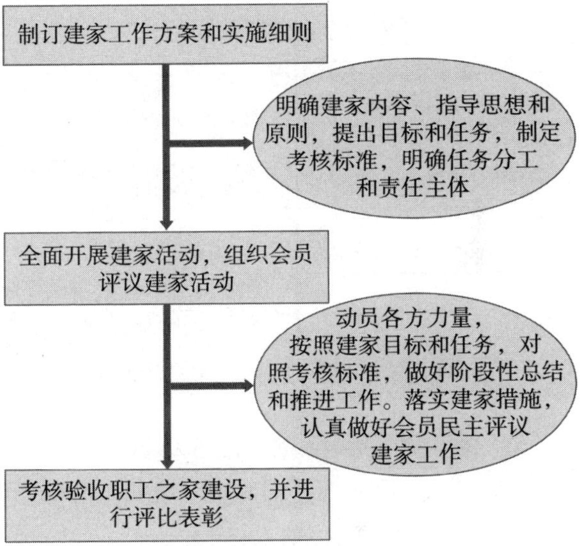

厂务公开工作总流程

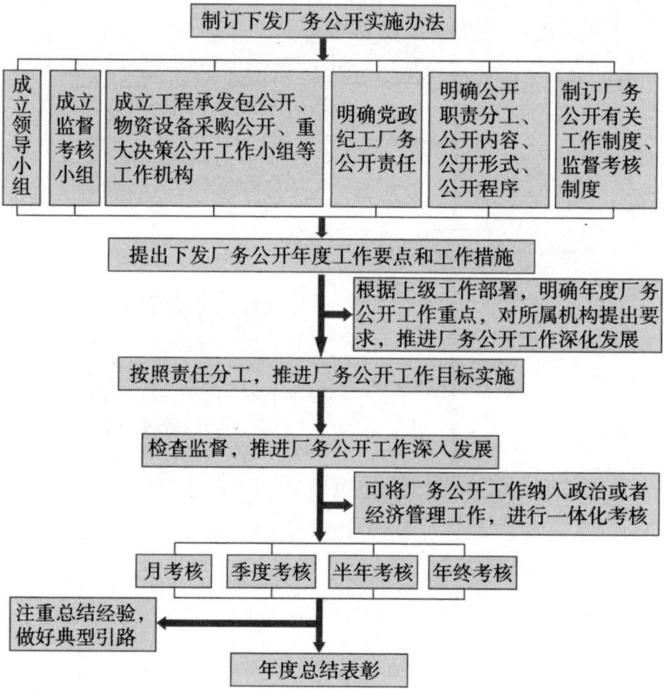
制订下发厂务公开实施办法
成立领导小组
成立监督考核小组
成立工程承发包公开、物资设备采购公开、重大决策公开工作小组等工作机构
明确党政纪工厂务公开责任
明确公开职责分工、公开内容、公开形式、公开程序
制订厂务公开有关工作制度、监督考核制度
提出下发厂务公开年度工作要点和工作措施
根据上级工作部署，明确年度厂务公开工作重点，对所属机构提出要求，推进厂务公开工作深化发展
按照责任分工，推进厂务公开工作目标实施
检查监督，推进厂务公开工作深入发展
可将厂务公开工作纳入政治或者经济管理工作，进行一体化考核
月考核
季度考核
半年考核
年终考核
注重总结经验，做好典型引路
年度总结表彰

劳动和技能竞赛的筹划流程

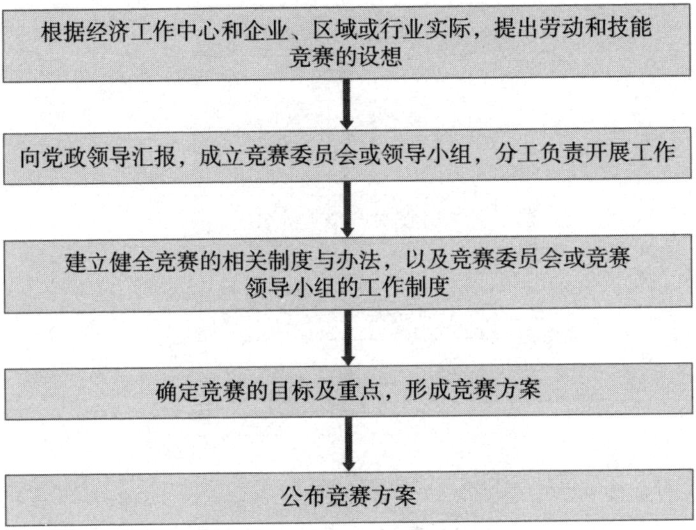

劳动和技能竞赛的评比表彰流程

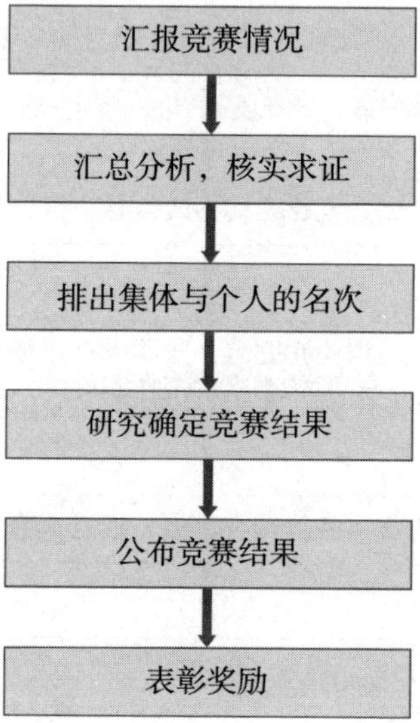

劳动争议处理总流程

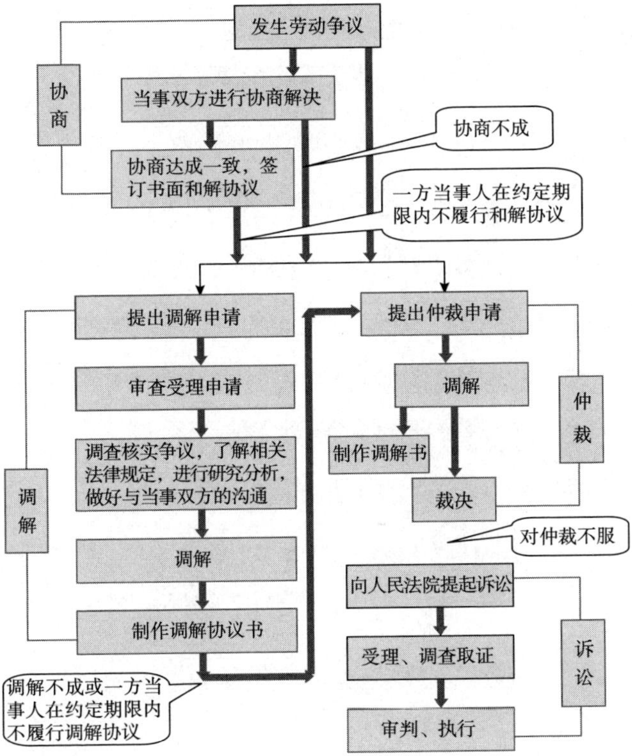
发生劳动争议
协商
当事双方进行协商解决
协商不成
协商达成一致，签订书面和解协议
一方当事人在约定期限内不履行和解协议
提出调解申请
审查受理申请
调查核实争议，了解相关法律规定，进行研究分析，做好与当事双方的沟通
调解
制作调解协议书
调解
调解不成或一方当事人在约定期限内不履行调解协议
提出仲裁申请
调解
制作调解书
裁决
仲裁
对仲裁不服
向人民法院提起诉讼
受理、调查取证
审判、执行
诉讼

集体协商集体合同工作总流程

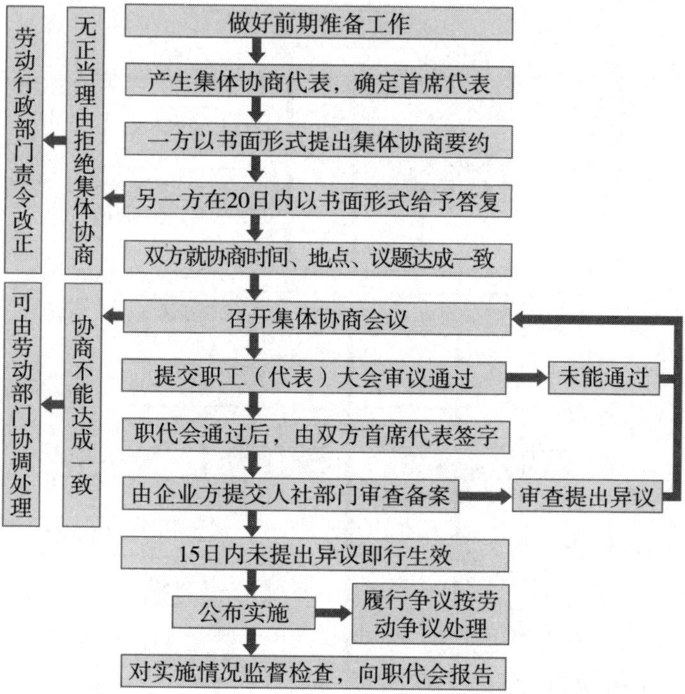

第三部分

政策文件

中华全国总工会关于开展建立乡镇（街道）总工会试点工作的意见

（总工发〔2004〕33号　2004年8月9日）

为了适应社会主义市场经济的发展和工会工作的需要，切实加强乡镇（街道）工会组织建设，更好地发挥其作用，根据《中华人民共和国工会法》和《中国工会章程》的规定，中华全国总工会决定开展建立乡镇（街道）总工会试点工作，现提出如下意见。

一、随着我国工业化、城镇化进程的加快，乡镇（街道）管辖的地域范围不断扩大，其所属职工大量增加。乡镇（街道）工会组织的地位越来越重要，作用越来越突出，在一些地方已经成为工会组织领导体制中承上启下的重要环节。在条件成熟的乡镇（街道）建立总工会，是在完善社会主义市场经济体制过程中，创新和完善工会组织领导体制的客观需要，是维护职工合法权益、协调劳动关系和维护社会稳定的迫切要求。

二、开展建立乡镇（街道）总工会试点工作，要以邓小平理论和“三个代表”重要思想为指导，认真贯彻落实党的十六大和十六届三中全会精神，紧紧围绕中国工会十四大提出的目标任务和“组织起来、切实维权”的重点工作，解放思想、与时俱进，加强领导、精心组织，勇于实践、稳步推进，充分发挥乡镇（街道）工会组织的作用，团结广大职工为实现全面建设小康社会宏伟目标做出贡献。

三、开展建立乡镇（街道）总工会试点工作，主要在经济发达、企业比较集中、职工人数较多的乡镇（街道）进行。省（区、市）总工会可根据实际情况，确定试点的范围和数量，条件尚不成熟的地方暂不进行试点工作。

四、乡镇（街道）总工会是在同级党委和上级地方工会领导下，代表和维护职工群众合法权益，履行地方工会领导职责，具有社会团体法人资格的一级地方工会组织，是当地地方工会组织和产业工会地方组织的领导机关。其主要职责是，团结和动员职工为当地经济社会发展作贡献；负责工会组建、发展会员和基层工会组织建设；推动建立与政府联席（联系）会议制度和劳动关系三方协调机制，参与协调解决涉及职工的切身利益问题；开展区域性、行业性协商谈判和签订集体合同工作，推进企业建立职工民主管理制度；参与协调处理劳动争议；代行基层工会难以履行的工作职责，维护基层工会干部合法权益；实施送温暖工程，为职工群众办实事、好事；指导基层工会开展建设职工之家活动，增强基层工会活力。

五、乡镇（街道）总工会委员会每届任期五年。民主选举工会主席一人、副主席及委员若干人，组成工会委员会。根据工作需要，建立经费审查委员会和女职工委员会。工会委员会和主席、副主席以及经费审查委员会的选举结果，报上一级总工会批准。

六、乡镇（街道）总工会的干部配备与待遇，参照中共中央〔1989〕12号文件精神进行落实，工会主席应按同级党政干部副职的条件配备。上级地方工会要积极争取乡镇（街道）党委为工会配备必要数量的专职干部，也可以通过一定程序从社会上招聘适当数量的工会工作者。

七、按照“统一领导，分级管理”的财务管理体制，各级地方工会可从实际出发，采取多种形式，解决乡镇（街道）总工会的经费需求，保证其正常活动的开展。

八、各级地方工会要主动取得党委对试点工作的领导，及时汇报试点工作进展情况，在党委领导下协调解决工作中遇到的问题，特别是要配齐配强乡镇（街道）工会领导班子和工会干部。要加强具体指导，制定工作方案，精心组织实施，及时解决试点工作中的问题，确保试点工作的顺利进行。

各级地方工会要注意总结试点经验，试点工作中的情况和问题要及时报告全总基层组织建设部。

中华全国总工会关于加强乡镇（街道）工会规范化建设的意见

（总工发〔2005〕53号　2005年12月31日）

为切实加强乡镇（街道）工会规范化建设，充分发挥乡镇（街道）工会在协调劳动关系、维护职工合法权益、构建和谐社会中的重要作用，特提出以下意见。

一、加强乡镇（街道）工会规范化建设的重要性和紧迫性

1. 随着我国推进城乡统筹发展战略的实施，乡镇（街道）经济在促进城乡区域协调发展中发挥着越来越重要的作用。乡镇（街道）工会直接面对基层，在工会组织领导体制中处于十分重要的地位。进一步加强乡镇（街道）工会规范化建设，充分发挥其在区域经济社会发展中的作用，是工会贯彻落实科学发展观，为党和国家工作大局服务的客观要求。

2. 乡镇（街道）区域内非公有制企业多，小型企业多，劳动关系较为复杂，给工会组织维护职工合法权益提

出了许多新问题、新挑战。充分发挥乡镇（街道）工会在协调区域内企业劳动关系、维护职工合法权益的独特优势，保护和调动好职工群众的积极性，是促进乡镇（街道）经济发展、社会稳定和谐的必然选择。

3. 近年来，乡镇（街道）工会围绕履行各项社会职能、突出履行维护职能做了大量工作。但从整体上看，乡镇（街道）工会工作基础还比较薄弱，各地发展不够平衡，作用发挥与党的要求和职工的愿望还有差距。进一步提高乡镇（街道）工会规范化建设水平，是贯彻“组织起来、切实维权”工作方针，扩大工会覆盖面，增强工会凝聚力的现实需要，也是各级工会组织和广大职工的期望和要求。

二、建立健全乡镇（街道）工会组织

4. 从实际出发，因地制宜，建立健全乡镇（街道）工会组织。可以建立乡镇（街道）工会工作委员会或建立乡镇（街道）工会委员会，也可以建立乡镇（街道）工会联合会。经济发达、企业比较集中和职工人数较多的乡镇（街道）可以建立总工会。乡镇（街道）工会工作委员会，应逐步向乡镇（街道）工会委员会、乡镇（街道）工会联合会或乡镇（街道）总工会过渡。积极推进村、社区工会组织建设，健全乡镇（街道）、村（社区）、企业工会组织网络，不断扩大工会组织覆盖面。

5. 乡镇（街道）工会工作委员会是县（市、区）总工会根据工作需要派出的代表机关。乡镇（街道）工会委员会、乡镇（街道）工会联合会履行地方工会和基层工会的双重职责。乡镇（街道）总工会是一级地方工会组织，履行地方工会领导职责。乡镇（街道）工会应从实际需要出发，主动代行基层工会难以承担的部分维权职能，发挥上级工会代表下级工会的作用。

6. 乡镇（街道）工会委员会、乡镇（街道）工会联合会或乡镇（街道）总工会委员会，可以按照联合制、代表制的原则，由下一级工会组织民主选举的主要负责人和适当比例的有关方面会员代表组成；也可以由乡镇（街道）会员（代表）大会选举产生。乡镇（街道）工会委员会、乡镇（街道）工会联合会、乡镇（街道）总工会委员名额一般为 11 人至 37 人，具体数额可根据区域内会员人数确定。企业比较集中、职工人数较多的乡镇（街道）工会可设立 9—11 人的常务委员会。乡镇（街道）工会选举主席 1 人，副主席若干人。乡镇（街道）工会每届任期 3 年或 5 年。乡镇（街道）工会委员可以是专职工会干部，也可以是兼职工会工作者。

7. 乡镇（街道）工会在同级党委和上级工会的领导下开展工作，以同级党委领导为主。区域内所属的基层工会实行乡镇（街道）工会与企事业单位党组织双重领导，以企事业单位党组织领导为主。乡镇（街道）区域内的各类行业性、区域性基层工会联合会，原则上由乡镇（街道）工会统一管理。

8. 建立乡镇（街道）工会委员会、乡镇（街道）工会联合会或乡镇（街道）总工会，应同时建立经费审查委员会和工会女职工委员会，女职工人数在 10 人以下的，在工会委员会中设女职工委员。

三、乡镇（街道）工会的主要任务

9. 乡镇（街道）工会在党委的领导下，依据《工会法》和《中国工会章程》独立自主地开展工作。主要任务是：

（1）围绕乡镇（街道）中心工作，团结和动员职工为乡镇（街道）经济和社会发展作贡献；

（2）负责区域内企事业单位组建工会、发展会员工作，指导基层工会加强组织建设；

（3）建立与政府联席（联系）会议制度和劳动关系三方协商机制，参与研究制定涉及职工切身利益的政策规定问题；

（4）开展区域性平等协商、集体合同和民主管理工作，指导企业建立工资集体协商、劳动合同制度，督促企事业单位落实各项民主管理制度；

（5）建立区域性劳动争议调解组织，协调处理劳动争议；

（6）监督企业落实劳动保护措施，改善职工劳动安全卫生条件；

（7）协管和培训基层工会干部，维护基层工会干部合法权益；

（8）实施送温暖工程，为职工群众办实事、办好事；

（9）指导基层工会开展建设职工之家、“双爱双评”活动，不断增强基层工会活力。

四、乡镇（街道）工会规范化建设的标准

10. 乡镇（街道）工会按照“六好”的要求加强规范化建设，具体标准是：

（1）党委政府重视支持好。建立“党委领导、政府支持、各方配合、工会运作、职工参与”的工会工作格局，党委把工会工作纳入党建目标体系，定期研究解决乡镇（街道）工会工作中的重大问题，支持工会依法独立自主开展工作。建立政府与工会联席（系）会议制度，研究制定涉及职工切身利益的政策规定主动征求工会意见，为工会开展工作提供必要的物质保障。

（2）组织网络健全好。建立健全乡镇（街道）工会组

织机构，配备专职工会干部，工会主席按同级党政副职配备，是党员的进入同级党委班子。工会主席由党委副书记兼任的，配备专职工会副主席，享受乡镇（街道）中层正职待遇。区域内工会组织建会率、职工入会率高。

（3）履行基本职责好。源头参与有力，适时提出涉及维护职工权益的主张和建议。建立以职工代表大会为基本形式的企事业民主管理制度，职工代表大会的各项职权落实到位。建立健全平等协商和集体合同制度，覆盖率、履约率高。企业与职工签订劳动合同，建立健全劳动争议调解组织，劳动安全卫生监督工作落实，区域内企业无严重侵犯职工合法权益问题及群体性事件。

（4）指导帮助基层好。适时对区域内基层工会工作提出指导性意见，主动与企业进行沟通协商，解决基层工会在开展工作中遇到的困难和问题。积极代行基层工会难以承担的维权职能；培训基层工会干部成效明显，基层工会干部合法权益维护到位。

（5）服务职工群众好。努力为职工群众做好事、办实事、解难事，送温暖工作经常化、制度化。积极开展职工就业培训，提高职工的竞争能力和创业能力。区域内企事业单位按规定为职工缴纳各种社会保险，做好困难职工帮扶工作，特困职工家庭纳入最低生活保障范围。职工群众对工会满意度高。

（6）围绕中心开展工作好。紧紧围绕乡镇（街道）中心工作，推动职工经济技术创新活动深入开展。推动实施职工素质培训工程，广大职工积极投身改革，为发展经济建功立业，文化体育工作活跃。劳动模范、五一劳动奖章（奖状）获得者和单位的培养、评选、表彰和管理工作成效明显。

五、加强乡镇（街道）工会干部队伍建设

11. 积极争取党委支持，把乡镇（街道）工会干部的人员编制纳入行政编制内统筹解决。利用乡镇（街道）机构改革等有利时机，选准配强乡镇（街道）工会干部。乡镇（街道）党委在推荐本级工会主席、副主席人选时，应征得县（市、区）总工会的同意。积极拓宽选配乡镇（街道）工会干部的渠道，可以通过向社会招聘、由上级工会选派等多种途径产生乡镇（街道）工会主席及干部人选，形成"专兼聘"相结合的工会工作者队伍。

12. 采取举办培训班、以会代训、交流研讨、相互观摩、网上咨询等多种形式，加大对乡镇（街道）工会干部教育培训的力度，努力把乡镇（街道）工会干部培养成为热爱工运事业，善于协调劳动关系，熟悉相关法律法规以及劳动工资、社会保险、经济管理等方面知识的专门人才。

13. 建立激励机制，调动乡镇（街道）工会干部履行职责的积极性。制定乡镇（街道）工会干部责任考核办法，推行基层工会和会员（代表）评议乡镇（街道）工会干部制度。对在履行职责中做出突出成绩和被上级工会评为先进的乡镇（街道）工会干部，给予精神和物质奖励。

六、强化对乡镇（街道）工会的指导服务

14. 上级工会要把加强乡镇（街道）工会工作摆上重要议事日程，加强领导，落实责任。省、自治区、直辖市总工会要加强调查研究，及时提出加强乡镇（街道）工会工作的指导性意见，为加强乡镇（街道）工会工作提供理论政策支持。县（市、区）总工会担负着直接指导和服务乡镇（街道）工会工作的重要任务，要围绕提高乡镇（街道）工会规范化建设水平，增强乡镇（街道）工会活力，建立相关制度，实行分类指导，切实抓出成效。

15. 大力开展创建“六好乡镇（街道）工会”活动。创建活动由省、自治区、直辖市总工会统一部署，制定创建活动的实施意见及考核办法。县（市、区）总工会负责组织实施，加强对创建活动的具体指导。要把开展创建“六好乡镇（街道）工会”活动与各地正在开展的创建“合格乡镇（街道）工会”、“示范乡镇（街道）工会”以及“三级联创”活动结合起来。县级以上各级工会要培养

一批乡镇（街道）工会工作的典型，及时总结推广先进经验，发挥典型的示范引导作用。全国总工会将在各地开展创建活动的基础上，每两年评选表彰100个“全国六好乡镇（街道）工会”，对被评选为“全国六好乡镇（街道）工会”的单位，给予适当奖励。

16. 各省、自治区、直辖市总工会要按照“统一领导、分级管理”的财务条例，从本地区的实际情况出发，合理确定乡镇（街道）工会经费的留成比例，或以其他适当方式解决乡镇（街道）工会的经费需求，保证乡镇（街道）工会正常活动的开展。要关心和爱护乡镇（街道）工会干部，满腔热忱地帮助他们解决工作生活中遇到的矛盾和困难，为他们开展工作创造有利条件。

中华全国总工会关于加强小企业工会联合会建设的意见

（总工发〔2009〕46号　2009年9月29日）

为了进一步加强小企业工会联合会建设，切实发挥其推动建立健全工会组织、维护职工合法权益的作用，根据《工会法》《中国工会章程》的规定，提出如下意见。

一、加强小企业工会联合会建设的重要性和必要性

（一）随着我国工业化、城镇化进程的加快和产业结构的调整，小企业的数量迅猛增加，小企业从业人员已占从业人员总数的3/4以上，小企业工会约占全国基层工会总数的80%以上。目前，小企业职工流动性大，管理不太规范，劳资矛盾多发。一些小企业工会组建不规范、制度不健全，难以充分发挥作用。同时，县级工会人员少、任务重，面对越来越多的小企业工会难以实施有效的指导和服务。

（二）各地工会多年来的实践表明，在县以下建立多种形式的区域性、行业性小企业工会联合会，面向社会公

开招聘专职工会工作者，有利于优化工会组织形式，保障工会人力、物力资源，扩大小企业工会组织的覆盖面，提高工会组织的凝聚力。

（三）加强小企业工会联合会建设，改变小企业工会建设的薄弱状况，夯实中国特色社会主义工会的组织基础，切实维护好职工合法权益，是贯彻落实“组织起来、切实维权”工会工作方针，加强工会基层组织建设的重要举措，也是当前积极应对国际金融危机、维护稳定、服务大局的需要。各地工会要从全局和战略高度，统一思想，提高认识，采取措施，进一步加强小企业工会联合会建设。

二、小企业工会联合会组建的原则和方法

（四）小企业工会联合会（以下简称联合会），是由两个以上企业工会委员会（含联合基层工会），按照地域相近、行业相同的原则，在县以下联合建立的区域性或行业性工会组织。

（五）小企业工会联合会，应当遵循联合制、代表制的原则建立。

（六）联合会委员数额可以根据工作实际需要确定，由联合会的专职工作人员和所属小企业工会主席担任，所属小企业工会数量较多的，可以由所属小企业工会主席民主推举代表担任。联合会可根据工作需要，吸收工商、税

务等相关方面的代表参加。

建立联合会的同时，建立联合会女职工委员会。

（七）联合会主席、副主席可以由全体委员选举产生，也可以由联合会下属各小企业工会联合组成会员（代表）大会选举产生。

（八）每个联合会原则上至少要配备一名专职工作人员，会员人数较多的应适当增加配备人数。联合会专职工作人员一般应作为工会主席、副主席人选。要积极通过向社会公开招聘职业化工会工作者、争取社会公益性岗位、下派工会机关干部代职、争取人员编制等多种途径，为联合会配备专职工作人员。

（九）联合会下属有会员 25 人以上的企业应当建立基层工会委员会，不足 25 人的可以单独建立基层工会委员会，也可以由两个以上企业的会员联合建立基层工会委员会。

（十）坚持因地制宜，分类指导，从本地区小企业工会组织的分布、数量以及会员人数等实际状况出发，科学合理确定联合会覆盖的范围。

（十一）企业数量和职工人数较少的乡镇、街道，可依法按照联合制、代表制原则建立健全联合会。

已建立乡镇、街道总工会的，以社区、村、龙头企业等单位为依托建立健全联合会。

三、小企业工会联合会的工作职责和制度

（十二）联合会的基本职责是：负责本区域本行业内小企业工会组建和发展会员工作；推动建立区域性、行业性平等协商、集体合同制度和职工代表大会制度，承担本区域、行业职工代表大会工作机构的职责，监督集体合同的履行和职工代表大会决议的执行；推动建立劳动争议调解组织，参与协调处理劳动争议，为所属企业工会和职工提供法律服务；培训所属企业工会干部，支持他们依法履行职责，维护其合法权益；组织开展建设职工之家、"双爱双评"等活动，不断提高基层工会工作水平；代行所属基层工会难以履行的维权职责。

（十三）联合会要发挥联系基层紧密的特点和优势，按照工会民主化、群众化的要求，建立健全联合会委员会定期会议、企业职工代表定期联系会议等各项会议制度，组织所属基层工会开展活动，切实代表和维护所属企业职工和会员的利益。

（十四）要保障联合会的工作活动经费。上级工会可以通过经费补助、争取财政补助等方式，为小企业工会联合会提供经费保障。也可以在自愿的基础上，由所属基层工会按照一定比例共同承担联合会的工作经费。

（十五）立足当前，着眼长远，建立健全社会化、职

业化工会工作者招聘选用、工作职责、管理考核、福利待遇等相关制度，用创新的方法解决遇到的困难和问题，关心他们的成长进步，帮助他们解决实际问题，保护和调动他们的工作积极性。

（十六）联合会主席、副主席、委员对涉及职工切身利益和维护职工合法权益问题推诿、搪塞、不作为的，上级工会应责令其改正，情节严重的可以按照有关规定予以罢免。

四、切实加强对小企业工会联合会建设的组织领导

（十七）坚持党委对建立联合会工作的领导，把这项工作与加强企业党组织建设紧密结合起来。积极争取政府的支持，借助政府相关部门的力量推进工作。

（十八）加强联合会建设工作，政策性强，涉及面广，新问题多，上级工会要高度重视，加强指导、检查和考核。县级工会要抓好具体贯彻落实工作，明确工作责任，制定工作目标，切实推进联合会建设。

（十九）各级工会要将小企业工会联合会建设工作作为工会基层组织建设工作的重要内容，纳入年度工会组建和发展会员考核工作，充分运用激励约束机制推进工作。

（二十）要坚持创新与借鉴相结合，深入调查研究，树立先进典型，总结推广经验，扩大舆论宣传，切实推进联合会建设。

中华全国总工会关于进一步加强开发区、工业园区工会工作的意见

（总工发〔2011〕55号 2011年7月19日）

为了进一步加强开发区、工业园区（含经济技术开发区、高新技术产业开发区和各类工业园区）工会工作，充分发挥开发区、工业园区工会推动科学发展、促进社会和谐，依法维护职工合法权益的重要作用，特制定本意见。

一、充分认识加强开发区、工业园区工会工作的重要性和紧迫性

随着我国改革开放的深入发展和产业结构调整，各地开发区、工业园区进入了一个高速发展时期。开发区、工业园区非公有制企业特别是外商投资企业集中，资金密集型企业、高新技术企业和出口创汇企业占主导地位，对外开放程度高，经济发展速度快。近年来，开发区、工业园区企业和职工迅猛增长，企业组织结构、经营方式不断变化，职工结构呈多元化趋势，劳动关系中的新情况新问题不断涌现，企业集体劳动争议和群体性事件持续上升。开

发区、工业园区工会依法维护职工合法权益，促进园区和谐发展的任务越来越重，开发区、工业园区已成为工会工作的重要领域。

多年来，开发区、工业园区工会组织根据劳动关系的新变化，主动探索，不断创新，在协调区域劳动关系，促进园区经济发展等方面发挥了重要作用。但目前一些开发区、工业园区工会建设及其作用发挥仍存在诸多制约问题，主要是工会组织机构不健全，工会机构未能单独设置，有的合并在党群工作部；工会干部缺乏专门编制，人员配备不到位，有的甚至没有专职工会干部，难以适应工作需要；工会工作基础薄弱，特别是所属企业工会组建率、工资协商建制率明显偏低，与职工对开发区、工业园区工会工作的热切期待及其重要地位不相适应等。

进一步加强开发区、工业园区工会工作，直接关系到本区域劳动关系的和谐稳定，关系到本区域经济社会的健康发展，同时也会对全国工会工作产生重要影响。因此，各级工会要充分认识进一步加强开发区、工业园区工会工作的重要性、紧迫性，统一思想，提高认识，调整工作格局，把开发区、工业园区工会工作放到更加突出的位置，以改革创新精神进一步加强开发区、工业园区工会工作。

二、进一步明确开发区、工业园区工会工作的主要任务

开发区、工业园区工会工作任务十分繁重，既有同其他区域工会工作相同的内容和要求，也有其特殊性、差异性。开发区、工业园区工会必须从实际出发，创造性地开展工作。主要承担以下工作任务。

（一）服务科学发展。紧紧围绕科学发展主题和加快转变经济发展方式主线，组织引导职工广泛开展“当好主力军、建功‘十二五’”劳动竞赛活动。大力弘扬中国工人阶级伟大品格和劳模精神，进一步提高职工思想道德素质、科学文化素质和技术技能水平。

（二）推动企业工会组建。依法推动区内企业普遍建立工会组织，企业筹建的同时筹备建立工会组织，已经投产开业、尚未建立工会组织的企业在半年内必须建会。推动区域性、行业性工会联合会建立。区内企业建会率、职工入会率应高于当地平均水平。规范建立企业工会的程序，严格民主选举制度，积极稳妥地推行企业工会主席直选，最大限度发展会员，不断提升建会工作质量。

（三）建立健全维权机制。推动建立开发区、工业园区劳动关系三方协商机制，参与研究制定涉及职工切身利益的相关政策规定。指导企业依法普遍开展工资集体协商

谈判，推动建立企业工资正常增长机制，建立区域性、行业性平等协商签订集体合同制度。推动企业建立健全以职工代表大会为基本形式的民主管理制度，推行厂务公开，落实职工的知情权、参与权、监督权和选举权。监督企业贯彻落实《劳动法》《劳动合同法》等法律法规，规范用工行为，改善用工条件，保障职工体面劳动。

（四）协调处理劳动争议。建立开发区、工业园区劳动争议调解组织及劳动争议预防预警机制。推动企业普遍建立劳动争议调解委员会，健全劳动争议调解制度，积极协调处理劳动争议。及时掌握职工特别是新生代农民工的思想动态，关注网络舆情对职工思想的影响，加强人文关怀和心理疏导，引导职工依法、理性、有序表达利益诉求。对企业发生的集体劳动争议和停工事件，工会应在第一时间深入职工群众了解情况，代表职工反映诉求，依法维护职工合法权益，防止矛盾激化。

（五）指导基层工会开展工作。与企业工会建立工作联系制度机制，指导所属企业工会按照促进企业发展、维护职工权益的工作原则开展工会工作。健全困难职工帮扶机制，协调解决职工最关心、最直接、最现实的利益问题。加强企业工会干部培训工作，关心企业工会干部，保护其合法权益。指导企业工会开展建设职工之家、“双爱双评”活动，不断增强企业工会活力。支持企业工会依法维权，从实际需要出发，主动代行企业工会难以履行的维权职责。

三、大力加强开发区、工业园区工会自身建设

进一步加强开发区、工业园区工会工作，关键是要加强开发区、工业园区工会的自身建设。只有开发区、工业园区工会自身建设得到加强，“两个普遍”才能落实到基层。

（一）开发区、工业园区工会在开发区、工业园区党组织和上级工会领导下开展工作。尚未建立工会组织的开发区、工业园区，上级工会要协调有关方面尽快建立。新成立的开发区、工业园区，在筹建开发区、工业园区管理机构的同时，要同步筹建开发区、工业园区工会组织。

（二）行使政府管理职能的国家级经济技术开发区、工业园区建立总工会，其行政级别与开发区、工业园区行政级别相对应。公司主导的国家级开发区、工业园区和其他各类开发区、工业园区，可以根据实际情况建立总工会或区工会联合会。开发区、工业园区工会机构须单独设立，不得合并到党群工作部或其他工作部门。开发区、工业园区工会委员会，由开发区、工业园区工会会员（代表）大会选举产生；开发区、工业园区工会联合会，可通过联合制、代表制的方式，由下一级工会组织负责人和有

关方面代表组成。要注重发挥工会委员会集体的作用开展工作。

（三）开发区、工业园区工会主席按照同级领导班子副职级配备，副主席享受中层正职待遇。开发区、工业园区党委在推荐开发区、工业园区工会主席、副主席人选时，应征得上级工会的同意，并按照《中国工会章程》有关规定履行民主程序。要选好配强专职工会干部，专职工会干部暂时配备不足的，可通过聘用社会化工会工作者等办法充实工会干部队伍，以适应开发区、工业园区工会开展工作的需要。

（四）健全开发区、工业园区小三级工会组织网络。下设乡镇（街道）的开发区、工业园区要加强乡镇（街道）总工会或工会联合会建设，为其配备专职工作人员，解决工作经费、办公场所等实际问题，充分发挥乡镇（街道）工会承上启下的作用。未设乡镇（街道）的开发区、工业园区根据实际需要建立区域性、行业性基层工会联合会，注重联合会规范化建设，加强对小企业工会组建和维权工作的指导服务。

（五）开发区、工业园区工会，应建立经费审查委员会和女职工委员会，其每届任期与工会委员会相同。经费审查委员会主任按同级工会领导班子副职配备。女职工委员会主任（副主任）按照有关规定配备。

四、切实加强对开发区、工业园区工会工作的领导

党的领导、政府的支持，是进一步加强开发区、工业园区工会工作的根本保证。开发区、工业园区工会要积极争取党委政府对工会工作的重视和支持，按照科学发展观的要求，把优化投资环境、发展地方经济与加强工会工作统一起来，与促进区内和谐稳定统一起来，坚持在党的领导下创造性地开展工作。

（一）争取资源和手段，为开发区、工业园区工会工作创造良好的工作环境。坚持党建带工建，主动争取开发区、工业园区党组织对工会工作的重视和领导，将开发区、工业园区工会工作纳入党建工作规划和考核体系，建立开发区党委定期听取工会工作汇报制度，把开发区、工业园区工会工作摆到更加重要的位置。拓宽工会参与社会管理和服务的渠道，建立工会与行政联席会议制度，进一步把开发区、工业园区工会工作融入社会管理格局之中，为其提供必要的资源和条件。

（二）强化指导服务，帮助开发区、工业园区工会解决工作中存在的困难和问题。各省（区、市）总工会要把开发区、工业园区工会作为工作重点，明确领导分工，强化工作责任，加强指导服务。要抓住中央高度重视群众工作、推进社会建设的机遇，积极协调，配好配强开发区、

工业园区工会领导班子。定期深入开发区、工业园区进行指导，及时掌握其工作情况，协调解决其自身难以解决的问题。建立对开发区、工业园区工会工作的考核评价机制和激励约束机制，推动开发区、工业园区工会各项工作走在本地区前列。可定期召开开发区、工业园区工会工作会议，总结推广工作经验，提升工作水平。开发区、工业园区企业工会原则上按属地管理，以充分发挥其对企业工会指导服务的便捷优势。

（三）树立先进典型，发挥示范带动作用。要积极支持鼓励开发区、工业园区工会大胆创新，结合深化创先争优活动，大力培育和精心打造开发区、工业园区工会工作的先进典型。充分利用相关宣传阵地，及时总结和宣传开发区、工业园区工会工作的成功经验与做法，发挥先进典型的示范、辐射和带动作用。国家级开发区工会要利用身处国家经济发展前沿阵地的优势，积极开拓，锐意创新，发挥表率作用。大力表彰开发区、工业园区工会工作先进单位和优秀工会干部，各级工会在分配各类表彰奖励名额时，可适当向开发区、工业园区工会倾斜，充分调动做好抓基层打基础工作的积极性，推动开发区、工业园区工会工作水平整体提高。

中华全国总工会关于印发《中华全国总工会关于新形势下加强基层工会建设的意见》的通知

（总工发〔2014〕22号　2014年7月29日）

各省、自治区、直辖市总工会，各全国产业工会，中共中央直属机关工会联合会、中央国家机关工会联合会，全总各部门、各直属单位：

现将《中华全国总工会关于新形势下加强基层工会建设的意见》印发给你们，请结合实际，认真贯彻落实。同时，根据各自实际情况，制定具体实施意见。全总各部门要按照工作分工，明确职责，提出贯彻落实《意见》的具体措施。有关贯彻落实情况，请及时报全总。

中华全国总工会关于新形势下加强基层工会建设的意见

为深入贯彻党的十八大、十八届三中全会和习近平总书记系列重要讲话特别是关于工人阶级和工会工作的重要指示精神，进一步夯实工会基层基础，增强基层工会组织吸引力凝聚力，现就新形势下加强基层工会建设提出如下意见。

一、新形势下加强基层工会建设的重要意义、指导思想和目标要求

1. 工会是党联系职工群众的桥梁和纽带，基层工会直接联系和服务职工群众，是工会全部工作的基础，是落实工会各项工作的组织者、推动者和实践者。新形势下加强基层工会建设，是巩固党执政的阶级基础和群众基础的必然要求，是动员广大职工积极投身改革、实现中国梦的迫切需要，是服务职工、维护职工合法权益、构建和谐劳动关系的重要保障，是加强工会自身建设、增强工会组织活力、推进国家治理体系和治理能力现代化的客观需要。近年来，各级工会主动适应企业组织形式、职工队伍结构和劳动关系的变化，始终把抓基层、打基础、增活力作为重点工作，在维护职工合法权益、构建和谐劳动关系、推动经济社会发展中发挥了重要作用。但从总体上看，基层工会工作与形势任务的要求、党中央的重托和职工群众的期盼仍有较大差距，主要表现在：工会组建工作与企业快速发展、组织形式多样化的特点不相适应；工会会员发展和管理与职工队伍迅速壮大、内部结构的深刻变化不相适

应；工会组织体制、运行机制与基层工会工作创新发展的迫切需要不相适应；工会活动的内容方式与职工群众多样化的需求不相适应；工会干部队伍建设与基层工会所承担的工作职责不相适应；为基层工会提供的指导服务保障与基层工会面临的繁重任务不相适应。各级工会要进一步统一思想、提高认识，切实增强责任感和使命感，按照“巩固、发展、提高”的要求，以职工满意不满意、工会作用发挥充分不充分为标尺，全面加强基层工会建设，努力开创基层工会工作新局面。

2. 新形势下加强基层工会建设，要高举中国特色社会主义伟大旗帜，坚持以邓小平理论、“三个代表”重要思想、科学发展观为指导，贯彻落实习近平总书记系列重要讲话精神，坚持走中国特色社会主义工会发展道路，牢牢把握为实现中华民族伟大复兴的中国梦而奋斗这个我国工人运动的时代主题，坚持依法建会、依法管会、依法履职、依法维权，以组织建设为基础，以作用发挥为关键，以健全机制为保障，以职工满意为标准，突出服务职工、突出问题导向、突出改革创新，着力加强基层服务型工会建设，扩大覆盖面、增强凝聚力，努力把基层工会建设成为职工群众信赖的“职工之家”，把广大基层工会干部锤炼成为听党话、跟党走、职工群众信赖的“娘家人”。

3. 新形势下加强基层工会建设，要坚持从工会组织的性质和特点出发，努力建设“六有”工会：一是有依法选举的工会主席，建设心系职工、善于维权、开拓进取的骨干队伍；二是有独立健全的组织机构，完善工会委员会、经费审查委员会、女职工委员会等组织；三是有服务职工的活动载体，满足职工的多样化需求；四是有健全完善的制度机制，实现工会工作的群众化、民主化、制度化、法制化；五是有自主管理的工会经费，真正用于服务职工和工会活动；六是有会员满意的工作绩效，切实让职工群众感受到工会是“职工之家”。通过3—5年努力，使基层工会覆盖面明显扩大，服务职工能力明显提高，工会组织吸引力凝聚力明显增强，力争实现全国80%以上的基层工会基本达到“六有”目标。

二、加强基层工会组织建设

4. **加强企业和机关事业单位工会建设。**企业和机关事业单位工会是基层工会的主体。要适应工业化、信息化、城镇化和农业现代化，依法推进各类企业和机关事业单位普遍建立工会组织，巩固建会成果，提高建会质量。国有及国有控股企业、机关、事业单位工会组建实现全覆盖，职工人数较多、规模以上企业工会组建实现全覆盖。积极推进非公有制企业、社会组织以及服务业单位建会工作，25人以上单位应单独组建工会，25人以下单位一般通过联合基层工会实现组织覆盖。切实纠正企业和机关事业单位改革改制中撤销工会或将工会合并到党群工作部门的现象。

5. **加强乡镇（街道）、开发区（工业园区）工会建设**。乡镇（街道）、开发区（工业园区）工会承担地方工会和基层工会双重职责。积极推进乡镇（街道）、开发区（工业园区）组建工会，已经建立工会工作委员会的，要逐步向工会联合会、总工会等组织形式转变。企业100家左右、职工5000人左右的乡镇（街道）、省级以上开发区（工业园区）可以设立总工会，作为一级地方工会组织，履行地方工会领导职责。乡镇（街道）、开发区（工业园区）工会组织机构单独设置，工会主席按党政同级副职配备，副主席享受中层正职待遇。乡镇（街道）设立总工会的，要积极推动乡镇（街道）党（工）委副书记兼任总工会主席，配备1名专职副主席，并配备专职工会干事，同时选配好兼职副主席和委员。

6. **加强区域（行业）基层工会联合会建设**。按照地域相近、行业相同的原则，在县以下建立区域性或行业性基层工会联合会。联合会委员会由专职工作人员和所属基层工会主席组成，也可吸收党委政府相关部门人员参加。联合会原则上至少配备1名专职工作人员，会员人数较多的应适当增加配备人数。加强村（社区）工会建设，努力实现对不具备单独建会条件的小微企业和零散就业人员全覆盖。规范联合基层工会组织架构，所辖单位原则上不超过50家。

7. **加强基层工会干部队伍建设**。基层工会干部队伍是基层工会赖以发挥作用的关键。要在同级党组织和上级工会的领导下，充分发扬民主，依法依规推进基层工会民主选举。按照积极稳妥、确保质量的要求，扎实推进基层工会主席（副主席）由会员大会或者会员代表大会直接选举产生。根据各地实际和工作需要，上级工会可以向基层工会推荐、选派工会主席候选人。积极争取公益性岗位，运用市场化、社会化方式聘用社会化工会工作者，建立完善社会化工会工作者选聘、使用、履职、考核、退出等机制。加强基层工会干部培训工作，切实增强政治意识、大局意识和服务意识，不断提高履职能力。基层工会主席上岗一年内应参加培训。

8. **加强会员发展和会籍管理工作**。加大会员发展力度，最大限度地把广大职工组织到工会中来。切实做好农民工会员发展工作，积极探索运用多种形式，把农民工吸引到工会中来、吸引到工会活动中来。加强对职工特别是农民工服务类社会组织的团结、联系和吸纳，通过服务和活动吸引凝聚职工，充分发挥工会枢纽型社会组织的作用。推进会员管理工作制度化、规范化、信息化，健全会员档案，做好会员登记和会员证发放工作，积极推进会员实名制管理，通过举行职工入会仪式等多种途径增强会员意识。会员组织关系随劳动关系流动，完善“源头入会、凭证接转、属地管理”机制，畅通会员组织关系接转渠道。

三、明确基层工会建设的主要任务

9. 教育引导职工。培育和践行社会主义核心价值观，提高职工的道德素养，激发职工奋发向上、崇德向善的正能量。大力弘扬劳动精神、劳模精神和工人阶级伟大品格，深入开展“中国梦·劳动美”主题教育活动，倡导辛勤劳动、诚实劳动、科学劳动。加强职工思想政治工作，注重对职工的人文关怀、心理疏导和情绪引导，突出做好农民工、青年职工和知识分子等职工群体的思想工作。加强职工文化建设，广泛开展职工文化体育活动，丰富职工精神文化生活。加强普法宣传教育，提高职工法律意识。

10. 推动改革发展。引导职工群众拥护支持改革、参与推动改革，夯实全面深化改革的群众基础。深入开展多种形式的劳动竞赛活动，深化合理化建议、技术攻关、技术革新、发明创造等群众性技术创新活动。加强班组建设，广泛开展“工人先锋号”创建活动。深入实施职工素质建设工程，加大职工职业技能培训力度，建立健全技术工人培养、评价、使用、激励机制，培养造就知识型、技术型、创新型的高素质职工队伍。

11. *履行维权职责*。认真履行维护职工合法权益的基本职责，坚持以职工为本，主动依法科学维权。紧紧围绕职工最关心最直接最现实的利益问题、最困难最操心最忧虑的实际问题，以一线职工、农民工、困难职工等为重点群体，以劳动就业、技能培训、收入分配、社会保障、安全卫生等为重点领域，切实维护好广大职工的各项合法权益。坚持维权与维稳相统一，引导职工依法理性表达利益诉求，维护职工队伍和社会和谐稳定。

12. *协调劳动关系*。建立健全科学有效的利益协调机制、诉求表达机制、矛盾调处机制、权益保障机制，推动形成规范有序、公正合理、互利共赢、和谐稳定的社会主义新型劳动关系。引导企业开展创建和谐劳动关系活动，依法推动企业普遍开展工资集体协商，促进基础扎实、条件成熟的行业建立集体协商制度。建立健全以职代会为基本形式的企事业单位民主管理制度、厂务公开制度和职工董事职工监事制度。加强劳动争议特别是集体劳动争议调处工作。深入开展“安康杯”竞赛活动，改善劳动安全卫生条件，保障职工群众生命安全和健康权益。

13. *服务职工群众*。坚持全心全意为职工服务的宗旨，以服务增强工会组织的吸引力和凝聚力，以服务增强职工群众对工会组织的归属感和认同感。深化"面对面、心贴心、实打实服务职工在基层"活动长效机制，积极为职工办实事、做好事、解难事。加快构建服务职工工作体系，按照"会、站、家"一体化的思路，把组建工会、创办职工帮扶服务中心、建设"职工之家"统一起来，着力打造基层服务型工会。大力推行会员普惠制，加大投入、创新方式、完善机制，使全体会员都能享受到工会组织提供的实实在在的服务。探索向职工服务类社会组织购买服务，推进项目制、订单式、社会化服务方式。

四、加强基层工会建设的方法措施

14. **坚持分类指导**。坚持从实际出发，在认真履行基本职责的基础上，针对不同性质、不同工作基础、不同组织形式的基层工会，提出不同的工作要求。国有企业工会要围绕生产经营搞好服务，保障职工参与管理和监督的民主权利，组织职工为企业改革发展献力献策。非公有制企业工会要围绕构建互利双赢的劳动关系，代表和维护职工合法权益，促进企业科学发展、和谐稳定。机关工会要围绕机关中心工作，开展群众性精神文明创建活动，不断丰富职工精神文化生活。事业单位工会要围绕深化分类改革、促进事业发展，做好职工思想政治工作，不断提升公益服务水平。区域（行业）基层工会联合会要有效指导所属单位工会开展工作，推动区域（行业）性维权和服务机制建设。

15. **完善工作格局**。健全完善党委领导、政府支持、工会运作、职工参与、社会协同的工作格局。深化党建带动工建、工建服务党建、党工共建机制，推动基层工会建设纳入党建工作规划和考核体系。健全完善各级地方工会、产业工会与政府联席（系）会议制度、劳动关系三方协商机制，逐步向乡镇（街道）、开发区（工业园区）延伸。积极参与和促进人大立法，配合各级人大、政协开展执法检查、专题视察。推动建立企业经营者履行社会责任激励引导机制，争取相关部门在推荐协商企业界党代表、人大代表、政协委员、工商联会员及评选劳动模范、五一劳动奖章、各类先进企业时将企业经营者支持工会工作、履行社会责任作为必要条件，并征求同级工会意见。加强与国资委、工商联、企业协会等单位协作，选树典型，调动企业经营者积极性，为开展工会工作创造良好的外部环境。

16. **强化激励机制**。关心爱护基层工会干部，按照有关规定全面落实保障待遇，让他们在政治上有关心、经济上有保障、职业上有发展，增强基层工会干部的积极性及职业荣誉感。积极推动基层工会主席享受同级党政副职待遇。大力表彰基层工会建设中涌现出的先进集体和先进个人，事迹特别突出的分别授予五一劳动奖状、五一劳动奖章。有条件的地方可以由上级工会向基层兼职工会干部发放补贴。健全完善工会主席合法权益保护机制，用好用活工会干部权益保障金。基层工会主席劳动合同变更、解除或终止前应向上级工会报告和备案。

17. 畅通联系渠道。健全完善基层工会向同级党组织和上级工会报告工作制度。建立健全劳动关系预警、预判、预报和紧急处置机制，发生集体劳动争议时，基层工会主席应第一时间深入职工了解情况并向上级工会报告。在基层工会难以履行维权职责时，上级工会要加强指导帮助或“上代下”维权。积极推进工会联系点制度建设，探索建立各级工会代表大会代表联系职工群众制度。建立健全基层工会与行政沟通协商制度。

18. 深化建家活动。职工之家建设是加强基层工会建设的本质要求和综合载体。要以职工之家建设为引领，以会员是否满意为基本标准，建立健全基层工会建设综合考核评价体系。围绕实践“两个信赖”，深入开展“深化建家达标创优”活动，探索建立各层级模范职工之家创建、申报、考核、表彰、复查等制度，提升职工之家品牌影响力。坚持依靠会员办工会，深化“工会组织亮牌子、工会主席亮身份”活动，推进会员评家、会务公开以及会员代表常任制等工作，落实会员的知情权、参与权、选举权和监督权。探索推进联合职工之家、网上职工之家建设。基层单位及其党政负责人拟推荐申报工会系统评选表彰的各层级五一劳动奖状、五一劳动奖章等荣誉称号的，其工会组织应荣获相应层级的模范职工之家称号。

19. 加大经费保障。积极推动税务部门全额代征工会经费，保证基层工会经费足额到位。上级工会按照权随责走、费随事转原则，通过转移支付、项目化管理等方式，把工会经费向基层工会倾斜。在基层工会自愿基础上，探索实行财务集中管理、分户核算的“上代下”会计核算模式。各地工会要扩大工会经费来源渠道，积极承接政府转移职能和项目，争取政府财政补助、活动经费或专项经费，强化基层工会经费保障。全总在对下补助中安排专项资金用于乡镇（街道）工会（不低于补助总额的 10%），并专款专用。省及省以下各级工会都要加大对乡镇（街道）、开发区（工业园区）工会和基层工会资金投入力度，把更多的资金用在职工身上。

五、加强基层工会建设的组织领导

20. 加强统筹谋划。各级工会要站在全局和战略的高度，把加强基层工会建设列入重要议事日程，制定工作规划和具体实施办法，加强统筹协调。省级和地市级工会主要抓好基层工会建设的总体规划、资源统筹、宏观指导和督促检查，为推进基层工会建设提供理论、法律、政策和信息等方面服务。县级工会要制定具体实施意见，加强具体指导，集中时间、组织专人推动落实，帮助基层工会解决遇到的困难和问题。乡镇（街道）、开发区（工业园区）工会要加强自身建设，抓好村（社区）、企业工会建设，发挥承上启下的重要作用。产业（行业）工会要立足产业（行业）特点，认真研究产业发展趋势、产业政策、行业劳动安全卫生和行业劳动标准，加强县以下行业工会联合会建设，搭建基层工会建设的载体平台，组织开展富有产业（行业）特色的工会活动。

21. **落实领导责任**。逐级建立加强基层工会建设工作领导小组，明确各级工会主要领导为第一责任人，形成主要领导亲自抓、分管领导具体抓、职能部门共同抓、一级抓一级、层层抓落实的工作格局。推动建立上级工会对下级工会开展基层工会建设考核评价制度，每年至少召开一次考核评议会。建立健全基层工会建设目标管理、定期研究、工作通报等制度，加强督查指导，及时研究解决问题。

22. **强化宣传引导**。精心培育打造基层工会建设的先进典型，充分发挥示范辐射和带动作用。加强舆论宣传，运用现场会、观摩会、学习交流会和各种宣传阵地，及时宣传推广基层工会建设的成功经验和做法，形成推进基层工会建设的良好氛围。充分利用网站、微博、微信、QQ群等现代传媒手段，不断增强宣传实效，扩大工会工作影响力。

23. **改进工作作风**。认真践行党的群众路线，落实“三严三实”要求，加强党风廉政建设，健全完善改进作风、联系基层、服务职工的长效机制。坚持群众化、民主化，破除机关化、行政化，坚持工作重心下沉、资源配置下沉和组织力量下沉，为基层工会开展工作创造良好条件。各级工会干部特别是领导干部要走出高楼大院，摆脱文山会海，更多到基层工会和职工群众中去，帮助他们排忧解难。要顺应时代要求，适应社会变化，善于创造科学有效的工作方法，让职工群众真正感到工会是“职工之家”，工会干部是最可信赖的“娘家人”。

中华全国总工会办公厅关于加强和规范乡镇（街道）、开发区（工业园区）工会经费管理的通知

（总工办发〔2014〕34 号　2014 年 11 月 6 日）

各省、自治区、直辖市总工会，各全国产业工会，中共中央直属机关工会联合会、中央国家机关工会联合会，全总各部门、各直属单位：

为贯彻落实全国总工会《关于新形势下加强基层工会建设的意见》（总工发〔2014〕22 号），切实加强和规范乡镇（街道）、开发区（工业园区）工会经费管理工作，根据《工会法》《中国工会章程》及全国总工会《工会预算管理办法》，现就加强和规范乡镇（街道）、开发区（工业园区）工会经费管理工作的有关事项，通知如下：

一、县以上各级工会要加大对乡镇（街道）、开发区（工业园区）工会的经费投入力度，要按照权随责走、费随事转原则，通过转移支付、项目化管理、确定分成比例及定额补助等方式，把工会经费向乡镇（街道）、开发区（工业园区）工会倾斜。要在加强乡镇（街道）、开发区

（工业园区）工会建设，在成立工会工作委员会、工会联合会、总工会等各个环节，保证相应的经费来源，使其发挥应有的职能作用。

二、全国总工会在每年的对下补助中，安排专项资金用于乡镇（街道）工会（不低于补助总额的10%）。此款项经全国总工会拨付各省级工会后，由各省级工会安排所辖乡镇（街道）工会专款专用。

三、各省、自治区、直辖市总工会要按照全国总工会财务部《关于省级以下各级工会经费分成比例有关事项的通知》（工财字〔2009〕19号）有关要求，自行确定所辖乡镇（街道）、开发区（工业园区）工会一级的经费分成比例。对尚不具备条件确定乡镇（街道）、开发区（工业园区）工会经费分成比例的，省级工会（市级工会、县级工会）应采取经费定额补助方式，对所辖乡镇（街道）、开发区（工业园区）工会每年给予专项补助。

四、根据《工会法》和国家有关部委的规定，乡镇（街道）、开发区（工业园区）政府（管委会）应当为工会办公和开展活动，提供必要的设施和活动场所等物质条件。乡镇（街道）、开发区（工业园区）工会的专职、兼职工会干部的工资、津补贴以及社会保障和其他福利待遇等，由乡镇政府、街道办事处、开发区（工业园区）政府（管委会）承担。

五、乡镇（街道）、开发区（工业园区）工会要积极承接政府（管委会）转移职能和项目，争取政府（管委会）的财政补助、活动经费或专项经费，强化乡镇（街道）、开发区（工业园区）工会经费保障。

六、乡镇（街道）、开发区（工业园区）工会要坚持工会经费服务工会工作和职工群众的方向，确保工会经费用于开展工会活动和用在职工身上，为职工群众办实事、做好事、解难事，让工会经费真正惠及职工群众和工会会员。乡镇（街道）、开发区（工业园区）工会的经费支出范围包括：

（一）为会员及其他职工开展教育、文体、宣传等活动产生的支出。

（二）直接用于维护职工权益的支出。

（三）培训工会干部、加强自身建设及开展业务工作发生的各项支出。

（四）聘用社会化工会工作者的支出。

（五）工会日常行政支出。

（六）对所辖基层工会的经费补助以及对基层兼职工会干部发放的补贴。

（七）以上支出项目以外的必要开支。

七、乡镇（街道）、开发区（工业园区）工会要根据工会经费独立原则，开设独立的银行账户，实行工会经费独立核算。对尚不具备独立核算条件的乡镇（街道）、开发区（工业园区）工会，在其自愿基础上，可实行由县级工会财务集中管理、分户核算的“上代下”会计核算模式。

八、乡镇（街道）、开发区（工业园区）工会要认真贯彻落实《工会法》《中国工会章程》，以及全国总工会《工会预算管理办法》和《关于加强工会经费财务管理和审计监督切实管好用好工会经费的通知》精神，切实加强工会经费收支管理，做好年度经费预决算工作，严格控制工会经费开支，坚决制止奢侈浪费，合理有效地使用资金。各项开支实行集体领导下的一把手负责制，重大开支集体研究决定。不准将工会经费用于服务职工群众和开展工会活动以外的开支。

中华全国总工会办公厅印发《关于加大对乡镇（街道）、开发区（工业园区）工会和基层工会经费支持力度的若干规定》的通知

（总工办发〔2016〕18号　2016年7月6日）

各省、自治区、直辖市总工会，各全国产业工会，中共中央直属机关工会联合会、中央国家机关工会联合会，全总各部门、各直属单位：

《关于加大对乡镇（街道）、开发区（工业园区）工会和基层工会经费支持力度的若干规定》已经全总十六届书记处第五十一次会议审议通过，现印发给你们，请遵照执行。

关于加大对乡镇（街道）、开发区（工业园区）工会和基层工会经费支持力度的若干规定

为深入贯彻中央党的群团工作会议和习近平总书记系列重要讲话精神，进一步加大对乡镇（街道）、开发区（工业园区）工会和基层工会（指企业、事业单位、机关等工会委员会，下同）的经费支持力度，制定以下规定。

一、明确乡镇（街道）、开发区（工业园区）工会和基层工会的经费留成比例

（一）全国工会经费全年收入的95%留在地方和基层工会；全国总工会本级集中5%。

（二）基层工会的经费分成比例不低于60%。现低于60%的，一律调整为60%。

（三）各省级工会按照省以下各级工会经费分成比例由省级工会确定的原则，明确所辖乡镇（街道）、开发区（工业园区）工会的经费分成比例，报全国总工会备案。

二、坚持工会经费使用进一步向乡镇（街道）、开发区（工业园区）工会和基层工会倾斜

（一）全国总工会本级工会经费全年收入的70%用于对下级工会的补助，通过经费补助实行项目化管理，把其中大部分资金，经省级工会转拨补助到乡镇（街道）、开发区（工业园区）工会和基层工会。

（二）全国总工会每年从对下补助（不低于补助总额的10%）经费中，安排专项资金用于乡镇（街道）、开发区（工业园区）工会的工作经费。此款项经全国总工会拨付各省级工会后，由各省级工会安排所辖乡镇（街道）、开发区（工业园区）工会专款专用。

（三）省级和市县工会要加大对乡镇（街道）、开发区（工业园区）工会和基层工会的经费投入力度，要在年度本级经费预算中通过转移支付、项目化管理及定额补助等方式，将工会经费向乡镇（街道）、开发区（工业园区）工会和基层工会倾斜，把更多的经费直接用于普通职工群众。

（四）省级工会要按照《中华全国总工会关于新形势下加强基层工会建设的意见》（总工发〔2014〕22号）关于“有条件的地方可以由上级工会向基层工会兼职工会干部发放补贴”的规定，制定实施细则，对兼职工会干部发放补贴。

（五）县以上工会要在年度本级经费预算中安排专项资金，解决乡镇（街道）、开发区（工业园区）工会聘用社会化工会工作者的经费问题。

三、依法落实同级政府和单位行政方面应解决的有关问题

（一）乡镇（街道）、开发区（工业园区）工会和基层工会要根据《工会法》第四十五条关于“各级人民政府和企业、事业单位、机关应当为工会办公和开展活动，提供必要的设施和活动场所等物质条件”的规定，主动与乡镇政府、街道办事处、开发区（工业园区）政府（管委会）

和企业、事业单位、机关等方面沟通，落实本级工会办公和开展活动所必要的场所和设施等。

（二）基层工会要认真落实《工会法》第四十一条关于“企业、事业单位、机关工会委员会的专职工作人员的工资、奖励、补贴，由所在单位支付。社会保险和其他福利待遇等，享受本单位职工同等待遇”的规定。

（三）乡镇政府、街道办事处、开发区（工业园区）政府工作人员，兼职担任乡镇（街道）、开发区（工业园区）工会干部的，其工资、津补贴以及社会保障和其他福利待遇等，由乡镇政府、街道办事处、开发区（工业园区）政府（管委会）承担。

四、加强乡镇（街道）、开发区（工业园区）工会和基层工会经费管理

（一）乡镇（街道）、开发区（工业园区）工会和基层工会要认真执行《工会会计制度》，做好会计核算工作。

具备社团法人资格的乡镇（街道）、开发区（工业园区）工会和基层工会，应设立独立经费账户，实行工会经费独立核算。

尚不具备独立核算条件的乡镇（街道）、开发区（工业园区）工会，在其自愿基础上，可实行由县级工会财务“上代下”会计核算管理模式。

对于一些尚不具备独立核算条件的乡镇（街道）、开发区（工业园区）工会所辖小型企业工会，可建立乡镇（街道）、开发区（工业园区）工会会计核算中心，实行集中核算，分户管理。

（二）乡镇（街道）、开发区（工业园区）工会和基层工会要依法依规全面从严加强工会经费管理，要按照《工会法》《会计法》《工会预算管理办法》以及《中华全国总工会办公厅关于加强基层工会经费收支管理的通知》（总工办发〔2014〕23号）的规定，足额收缴工会经费，将各项收支全部纳入预算管理，严格控制工会经费开支。各项开支实行工会委员会集体领导下的主席负责制，重大开支集体研究决定。要坚持工会经费为工会工作和职工群众服务的方向，确保工会经费取之于职工，用之于职工，把更多工会经费用于职工身上，为职工群众办实事、做好事、解难事，让工会经费真正惠及职工群众和工会会员。县以上工会要加强对乡镇（街道）、开发区（工业园区）工会和基层工会财务工作的监督检查。

中华全国总工会关于增强基层工会活力发挥基层工会作用的实施意见

（总工发〔2016〕28 号　2016 年 10 月 15 日）

为深入贯彻中央党的群团工作会议精神，贯彻落实习近平总书记关于工人阶级和工会工作的重要论述特别是关于加强基层工会建设“三个着力”的重要指示精神，切实保持和增强工会工作和工会组织的政治性、先进性、群众性，把工会改革向基层延伸，把改革成效转化为服务职工群众的能力水平，增强职工群众对工会改革的获得感，现提出如下意见。

一、创新基层工会组织形式和入会方式，有效扩大工会组织覆盖面

坚持党建带工建，把工建纳入党建工作总体部署。主动适应经济社会发展、企业组织形式和职工就业方式的新变化，持之以恒推进工会组建和会员发展工作，创新组织形式，拓展建会领域，形成完善的组织体系，最大限度地把职工群众组织到工会中来，巩固党执政的阶级基础和群

众基础。各类法人单位工会组建率和职工入会率动态保持在80%以上。

1.**大力推进非公有制经济组织、社会组织组建工会**。在巩固已有组织基础的同时，通过工会组织形式的创新，加快新领域新阶层工会组织建设，促进工会组织不断向非公有制经济组织和社会组织延伸，进一步扩大工会组织覆盖面。对于符合单独建会条件的非公有制经济组织、社会组织，大力推进其单独建立工会。集中力量突破非公有制企业建会难点，集中力量推进职工人数多、社会影响大的社会组织建立工会。针对非公有制经济组织、社会组织大量聚集于商务楼宇、产业园区、商圈市场的实际，探索建立联合基层工会，通过联合建立的楼宇工会、园区工会、商圈工会、市场工会等形式实现对中小微企业和各类社会组织的有效覆盖。

2.**切实加强乡镇（街道）、开发区（工业园区）、自由贸易区工会建设**。依法推进乡镇（街道）、开发区（工业园区）工会组织建设，承担地方工会和基层工会双重职责，充分发挥其承上启下、指导基层和促进区域劳动关系稳定的作用。继续夯实乡镇（街道）——村（社区）——企业“小三级”工会组织架构，延伸工作触角，扩大组织覆盖，带动乡镇（街道）工会工作的有效运转。创新自由贸易区工会组织形式，注重发挥功能区工会和行业工会的作用，建立符合自贸区特点的工会组织网络，形成可复制可推广的工会组建模式。

3. **规范建立区域（行业）基层工会联合会**。根据产业体系、职工队伍的发展变化，按照地域相近、行业相同的原则，推进区域（行业）基层工会联合会建设，实现对中小微企业的全覆盖。按照联合制、代表制原则，规范联合会组织架构，使所辖多数基层工会主席进入联合会委员会，增强联合会的代表性。加强对乡镇（街道）行业工会联合会工作的指导，发挥其延伸工会工作领域、覆盖各类职工群体的作用。广泛开展“五个一”活动，即每年召开一次会员代表大会、一次职工代表大会，开展一次工资集体协商、一次劳动竞赛、一项职工喜闻乐见的文体活动。

4. **着力做好农民工入会工作**。大力开展“农民工入会集中行动”，继续把开发区（工业园区）、建筑项目、物流（快递）业、家庭服务业、农民专业合作组织等领域作为重点，把解决劳务公司建会难作为重要突破口，根据各地实际，积极拓展农民工入会领域。通过微信、微博等各种适应农民工特点的方式，大力宣传中国工会的性质和特点、工会的维权服务工作、工会会员的权利义务、入会程序等，增强农民工对工会的认知认同。创新农民工入会方式，通过网上申请入会、在农民工集聚地设立流动服务窗口等多种形式，方便、快捷地组织农民工入会。加强农民工输出地和输入地工会之间的协调配合，最大限度地把农民工吸收到工会组织中来，使他们成为工人阶级坚定可靠的新生力量。

5. **改革创新会员发展和会籍管理工作**。积极探索职工入会新途径，打通职工入会“最后一公里”，把科技工作者、青年职工、农民工、劳务派遣工、灵活就业人员等最大限度地组织到工会中来。按照属地区域就近或行业就近原则，发挥区域（行业）基层工会联合会、乡镇（街道）、村（社区）工会的作用，吸收所辖区域（行业）内未建会单位职工加入工会，会员达到一定人数再建立单位工会。开辟职工网上申请入会渠道，建立线上申请、线下办理的工作流程，为职工入会提供便捷服务。加强会员会籍管理，建立会员实名制数据库，实行动态管理，逐步实现会员会籍管理制度化、规范化、信息化。按照劳动（工作）关系在哪里、会员会籍就在哪里的原则，健全会员档案，规范会员关系接转，实行“一次入会、动态接转”，逐步建立城乡一体的会员管理和流转服务工作机制。

二、创新基层工会活动方式和工作方法，增强工会组织的吸引力凝聚力战斗力

适应互联网迅猛发展和职工生活方式的深刻变化，坚持以职工需求为导向，以职工群众为中心，让职工群众当

主角，开展形式多样、富有工会特色的活动，提高职工群众的参与度和获得感，把每一个基层工会都建设成为直接联系服务职工群众的基地，把工会组织建设成为职工群众信赖的职工之家。

1. **合力打造工会网上工作平台**。主动适应信息化和新媒体广泛应用的新趋势，积极整合工会系统网络资源，搭建网上工作平台，开展网上工会工作，让职工群众在网上找到工会组织、参加工会活动、表达利益诉求，形成网上网下深度融合、互联互动的工会工作格局。实施工会“互联网 +”行动计划，开通工会微博、微信公众号，开发移动客户端，打造“一系统多终端”的工会服务职工网络运行载体，让互联网成为了解职工、贴近职工、联系职工、服务职工的新途径，打开工会联系服务职工群众的新窗口。

2. **大力实施“互联网 +”工会普惠性服务**。推动互联网时代工会工作转型升级，创新服务职工的理念和方式，以会员实名制为基础，打造“互联网 +”工会普惠性服务互动平台，向工会会员发放服务卡，围绕职工医疗、职工就业、职业培训、法律援助、困难帮扶、职工文化等设立服务项目，使服务卡成为广大职工看得见、用得着、信得过的“连心卡”。着力扩大工作覆盖面和服务受众范围，实现工会服务职工从特惠到普惠的转变，实现服务对象全覆盖、服务时间全天候。按照“会、站、家”一体化思路，加强困难职工帮扶中心（职工服务中心）和站点建设，形成网上网下相互促进、有机融合的工会服务工作新格局，把党和政府的关怀和工会组织的温暖送到职工群众的心坎上。

3. **切实改进服务职工的方式方法**。坚持统一性服务和差异化服务相结合，充实服务内容，改进服务方式，满足不同职工群体的多样化需求。按照职工的“生物钟”运转工作，开启“错峰服务”模式，在直接服务职工的工会工作站（点）实行错时上下班制度，把工会组织的服务延伸到8小时之外。制定工会服务职工工作项目清单，明确服务内容和服务标准，为职工群众提供精准服务。探索通过服务外包、项目外包方式，引入社会力量，为职工提供专业化、高水平的服务。建立工会服务职工满意度评价机制，通过对服务对象定期走访、发放征求意见表、进行无记名投票等多种方式，听取意见建议，回应职工诉求，提高服务水平。

4. **充分发挥工会枢纽型组织的作用**。加强对劳动关系领域社会组织的政治引领、示范带动和联系服务，发挥桥梁纽带作用。培育孵化工会直接领导的职工服务类社会组织和志愿者队伍，接长工作手臂，拓展服务链条。探索与共青团、妇联等群团基层组织合作建立社会组织，增强群众工作合力。通过项目招标、购买服务等市场化方式，引导社会组织为职工提供专业化的服务。通过组建社会组织工会联合会等方式，探索建立联系引导劳动关系领域社会组织的工作机制。

5. 做实叫响工会工作品牌。大力弘扬劳模精神、劳动精神、工匠精神，团结动员广大职工为实现“两个一百年”奋斗目标、实现中华民族伟大复兴的中国梦建功立业。把为困难职工送温暖、五一劳动奖、大国工匠、工人先锋号、职工书屋等一批有影响的全国性工作品牌深深植根于基层，支持和鼓励各级工会努力创造职工欢迎、富有成效的新品牌，吸引职工群众参与活动设计和工作部署，提高职工群众的参与率和受益度。建立健全职代会、厂务公开、职工董事、职工监事等民主管理制度。广泛开展“争创模范职工之家、争做职工信赖娘家人”活动，不断提高基层工会组织职工、引导职工、服务职工、维护职工合法权益的能力，切实承担起引导职工群众听党话、跟党走的政治责任。

三、打造绝对忠诚党的事业、竭诚服务职工群众的工会干部队伍，提升基层工会干部履职能力

按照习近平总书记提出的“好干部”标准，坚持德才兼备、以德为先，全面加强工会干部队伍建设。把绝对

忠诚党的事业、竭诚服务职工群众作为工会干部的价值追求，打开眼界、打开思路、打开胸襟，强化服务意识，提高维权能力，使广大工会干部真正成为党的全心全意为人民服务宗旨的忠实践行者、党的群众路线的坚定执行者、党的群众工作的行家里手。

1. **选优配强基层工会主席**。选优配强基层工会带头人，是有效发挥基层工会作用的基础和关键。加强对基层工会选举工作的组织领导，始终坚持党的领导，坚持民主集中制，遵循依法规范、公开公正的原则，严格把握候选人产生环节，规范基层工会民主选举程序，真正把政治素质好，知职工、懂职工、爱职工的人选到工会主席岗位上来。强化激励机制，关心爱护基层工会主席，让他们在政治上有地位、经济上有补贴、履职上有保障、职业上有发展，不断增强工作积极性和职业荣誉感。

2. **优化基层工会干部队伍结构**。建设一支专职、兼职、挂职相结合的基层工会干部队伍，不断壮大基层工会工作力量。按照《中国工会章程》的有关规定，配备专职工会主席和工会专职工作人员。推动和指导基层工会通过新增兼职、挂职副主席和工会干部的方式，优化基层工会干部队伍结构。切实发挥兼职、挂职工会干部作用，健全议事规则，明确职责任务，使兼职、挂职工会干部组织上有身份、工作上有任务、肩膀上有责任。注重在基层一线劳模（先进工作者）和优秀职工中选配工会干部，提高一线职工所占比例，完善基层工会委员会的人员构成。加强工会积极分子和志愿者队伍建设，使其成为基层工会开展工作的积极力量。

3. **建设工会社会工作专业人才队伍**。按照社会化运作、契约化管理、专业化培训、职业化发展的思路，整合、优化、提升、发展现有的社会化工会工作者队伍，推动纳入国家社会工作专业人才队伍范围。积极争取政府有关部门的支持，明确工会社会工作专业人才的岗位设置，建立工会社会工作专业人才薪酬保障机制、评价激励制度和人才培养体系，促进工会社会工作专业人才队伍向专业化职业化方向发展，更好地满足职工群众多样化的社会服务需求。

4. **强化工会干部培训工作**。改进培训的方式方法，综合运用讲授式、研讨式、案例式、模拟式、体验式等教学方法，实现教学相长、学学相长。用好大数据、“互联网 +”等技术手段，把实体培训和网络培训有机结合起来，为广大工会干部特别是基层工会干部提供优质的培训。增强培训工作的针对性、实效性，聚焦工会干部教育培训的主业主课，教育引导工会干部增强政治意识、大局意识、核心意识、看齐意识，切实做到忠诚、干净、担当，提升工会干部的能力素质。

四、加强组织领导，不断提高基层工会工作保障水平

加强基层工会建设是基础性、保障性、战略性工程，是工会改革的重要任务。各级工会要进一步加强对基层工会工作的组织领导，深化基层工会建设“落实年”活动，加强统筹协调，落实工作责任，坚持重心下移，把更多的资源向基层倾斜，把更多的精力投入基层一线，为增强基层工会活力、发挥基层工会作用提供坚实保障。

1. **加强组织领导**。各级工会要高度重视、加强领导，在加强基层工会建设中，积极赋予改革内容，指导和鼓励基层工会从自身实际出发推进改革。各级地方工会主要领导为基层工会建设第一责任人，形成主要领导亲自抓、分管领导具体抓、职能部门共同抓、一级抓一级、层层抓落实的工作格局。大力推进“六有”工会建设（有依法选举的工会主席、有独立健全的组织机构、有服务职工的活动载体、有健全完善的制度机制、有自主管理的工会经费、有会员满意的工作绩效工会），不断提高基层工会工作规范化水平，切实发挥基层工会作用。建立职工群众评议工会干部、评价工会工作和下级工会评价上级工会制度，加强工作考核和督促检查，提高工会工作的执行力。

2. **注重分类指导**。坚持从实际出发，实施精准化、差

异化指导和服务，切实帮助解决基层工会工作中的困难和问题。根据不同地区、不同行业的基层工会在企业规模、组织形式、职工队伍、工作基础等方面的差异，因地制宜、因企制宜、分类施策，有针对性地提出目标任务和具体举措。运用法治思维和法治方式，依法建会、依法管会、依法履职、依法维权，不断提升工会工作法治化水平。尊重基层首创精神，善于发现和总结基层和职工群众创造的鲜活经验并不断完善，发挥示范带动作用。

3. **强化经费保障**。坚持工会经费使用进一步向基层倾斜，优化经费支出结构。将全国工会经费全年收入的 95% 留在地方和基层工会，基层工会的经费分成比例不低于 60%，明确乡镇（街道）、开发区（工业园区）工会的经费分成比例。全总本级工会经费全年收入的 70% 用于对下级工会的补助，每年从对下补助经费中，安排专项资金（不低于补助总额的 10%）用于乡镇（街道）工会、开发区（工业园区）工会的工作经费。省及省以下各级工会要加大对乡镇（街道）、开发区（工业园区）工会和基层工会经费投入力度，把更多经费直接用在职工群众身上，为基层工会开展工作、服务职工提供经费保障。

4. **改进工作作风**。各级工会要把加强基层工会建设与改进工会干部工作作风结合起来，与开展“两学一做”学习教育结合起来，加强作风建设，提高工作水平，把工会组织建设得更加充满活力、更加坚强有力。坚持把党的群众路线作为工会工作的生命线和根本工作路线，牢记宗旨，不忘初心，认真践行“三严三实”要求，自觉抵制和纠正“四风”，防止和克服“四化”等脱离群众问题，带着对职工群众的深厚感情履职尽责。建立健全联系服务职工群众的长效机制，把工作重心放在最广大普通职工身上，通过蹲点调研、定期走访、结对帮扶等多种形式，经常同职工群众面对面、手拉手、心贴心的零距离接触，掌握第一手材料，解决职工群众急需解决的问题，以热情、热忱的服务打动人心、温暖人心、影响人心、赢得人心，把广大职工群众始终团结凝聚在党的周围。

中华全国总工会办公厅印发《中华全国总工会关于加强乡镇（街道）工会建设的若干意见》的通知

（总工办发〔2019〕24号　2019年12月27日）

各省、自治区、直辖市总工会，各全国产业工会，中央和国家机关工会联合会，全总各部门、各直属单位：

《中华全国总工会关于加强乡镇（街道）工会建设的若干意见》已经中华全国总工会第十七届书记处第19次会议审议通过，现印发给你们，请结合实际认真贯彻落实。

中华全国总工会关于加强乡镇（街道）工会建设的若干意见

为深入贯彻党中央的决策部署，贯彻党的十九大和十九届二中、三中、四中全会精神，落实中国工会十七大要求，推动工会改革创新举措在基层落地见效，夯实工会基层基础，现就加强乡镇（街道）工会建设提出如下意见。

一、明确指导思想。坚持以习近平新时代中国特色社会主义思想为指导，深入学习贯彻习近平总书记关于工人阶级和工会工作的重要论述，紧紧围绕保持和增强工会组织政治性、先进性、群众性这条主线，以促进区域经济高质量发展、加强和创新基层社会治理为中心任务，以维护职工合法权益、竭诚服务职工群众为基本职责，完善工会组织体系、扩大工会组织覆盖，优化运行机制、激发基层活力，充分发挥乡镇（街道）工会组织的重要作用。

二、主要工作职责。乡镇（街道）工会在同级党（工）委和上级工会领导下，依据《中华人民共和国工会法》和《中国工会章程》独立自主地开展工作。主要是：积极推动企事业单位依法建立工会组织，广泛吸收职工入会；加强职工思想政治引领；深化劳动和技能竞赛；维护职工合法权益，指导开展集体协商、签订集体合同，健全以职工代表大会为基本形式的企事业单位民主管理制度，健全协调劳动关系机制；推动落实职工福利待遇，开展困难职工帮扶，建设职工信赖的“职工之家”。

三、规范组织形式。乡镇（街道）工会组织应依据《中华人民共和国工会法》和《中国工会章程》建立，不得随意撤销、合并，具备法人条件的，依法取得社会团体法人资格。

乡镇（街道）工会组织形式有工会委员会、工会联合会和总工会。乡镇（街道）工会委员会由会员（代表）大会选举产生。乡镇（街道）工会联合会委员会可以由会员（代表）大会选举产生，也可以按照联合制、代表制原则，由下一级工会组织民主选举的主要负责人和适当比例的有关方面代表组成。乡镇（街道）辖区内有企业 100 家以上、职工 5000 人以上，能够配备专职工会主席（副主席）和专职工作人员的，可以建立乡镇（街道）总工会，其委员会换届和选举工作参照《关于地方工会召开代表大会及组成工会委员会、经费审查委员会的若干规定》执行。建立乡镇（街道）工会组织，应同时建立经费审查委员会和女职工委员会。

乡镇（街道）工会领导辖区内有隶属关系的各类基层工会组织（含区域性、行业性工会联合会）。

根据工作需要，县（市、区）总工会可以在不具备建立工会组织条件的乡镇（街道）设派出代表机关，即乡镇（街道）工会工作委员会。

四、健全制度机制。推动乡镇（街道）工会建设纳入党建带工建机制，推动建立乡镇（街道）党（工）委定期听取工会工作汇报、乡镇（街道）工会主席列席党（工）委有关会议制度，落实重大事项向乡镇（街道）党（工）委和上级工会请示报告制度。健全乡镇（街道）工会（会员）代表大会、委员（常委）会议、工作例会等制度；落实基层工会会员代表大会代表常任制，充分发挥会员代表、委员的作用。探索建立乡镇（街道）工会工作权责清单，健全工作评价制度。

五、强化干部配备。县级以上地方工会应与党委组织部门、编制部门协商，推动把乡镇（街道）工会干部纳入编制内统筹解决，纳入各级党委组织人事工作总体安排进行培养、使用，推动落实工会党员负责人作为同级党（工）委委员候选人提名人选制度。在推荐乡镇（街道）工会主席、副主席人选时，上级工会应积极争取工会主席按党政同级副职配备，专职副主席按中层正职配备。优化乡镇（街道）工会干部队伍结构，保持任期内相对稳定。建立乡镇（街道）总工会的，应设立专职主席（或副主席）和专职工作人员。积极推动乡镇（街道）党（工）委副书记兼任总工会主席。通过“专兼挂”等方式配强乡镇（街道）工会领导班子成员，充分发挥兼职、挂职副主席作用。

六、建设社会化工会工作者队伍。落实《中华全国总工会 民政部 人力资源社会保障部关于加强工会社会工作专业人才队伍建设的指导意见》，巩固发展社会化工会工作者队伍，将其作为乡镇（街道）工会专职人员的重要来源。地方工会要通过争取公益性岗位、直接聘用、购买服务等方式，积极发展社会化工会工作者队伍，建立健全选聘、管理、使用等制度。职工2000人以下的乡镇（街道）工会，可配备1名社会化工会工作者；职工2000人以上的，每3000人可配备1名社会化工会工作者。社会化工会工作者可以作为区域性、行业性工会联合会主席（副主席）候选人。各级工会要加大培育工会积极分子和志愿者队伍力度，引导社会力量参与工会工作。

七、提高培训质量。各级工会应高度重视乡镇（街道）工会干部培训工作。省级工会要制定培训规划，市、县级工会根据规划认真组织实施。新任乡镇（街道）工会主席、专职副主席在上岗一年内应参加上级工会组织的脱产培训，并达到合格；其他干部可通过脱产培训、以会代训、交流研讨、网上学习等多种途径，提高理论政策水平和业务工作能力，以适应岗位需求。社会化工会工作者应进行岗前培训。

八、保障工作经费。各级工会要保障乡镇（街道）工会的工作经费，通过经费留成、上级工会补助、财政支持等方式，保障乡镇（街道）工会正常运行。全国总工会每年从对下补助经费中，安排专项资金用于乡镇（街道）工会的工作经费，专款专用。地方工会综合考虑乡镇（街道）辖区内企业、职工数量和工作实际情况，确定一定比例的经费留成，或在本级经费预算中通过转移支付、项目化管理和定额补助等方式给予一定数量的专项经费。开展各种群众性、普惠性服务项目和活动，要积极争取地方政府和社会的支持。

县以上各级工会要在年度本级经费预算中安排专项资金，解决乡镇（街道）社会化工会工作者的经费，并逐步提高其待遇。有条件的地方，上级工会可以向乡镇（街道）工会的非公职人员发放兼职补贴。

九、严格财务监管。乡镇（街道）工会全部收支都要纳入预算管理，按照上级工会的要求编制年度收支预算和决算，严格按照工会财务管理规定所确定的范围使用工会经费，确保工会经费用于服务工会工作和用在职工身上，让工会经费真正惠及职工群众和工会会员。具有社会团体法人资格的乡镇（街道）工会，应按规定开设独立的银行账户，实行财务独立核算；不具备开设独立银行账户或不具备独立核算条件的乡镇（街道）工会，其经费由所在县（市、区）总工会代管。有条件的乡镇（街道）工会可以建立会计核算中心，对所辖小型企业工会实行集中核算，分户管理。乡镇（街道）工会应严格执行工会财务管理的相关规定，强化内部会计监督，实行工会委员会集体领导下的主席负责制，重大收支集体研究决定。强化工会经费的审查监督。

十、建好服务阵地。各级工会要推动乡镇政府、街道办事处帮助解决乡镇（街道）工会办公和会员职工开展活动所必要的场所和设施等。按照“会、站、家”一体化的要求，统筹建好、用好、管好职工服务和活动阵地。乡镇（街道）工会可单独建设服务阵地，也可与党政机构、其他群团组织，辖区内机关、事业单位、企业等共建共享阵地，实现资源有效配置。积极推进“互联网 +”工会普惠性服务，建设线上线下融合的区域服务职工平台。引导社会组织为职工提供专业化服务，延伸工作手臂，提升服务质量。

十一、加强组织领导。各级工会要提高政治站位，引导乡镇（街道）工会积极参与加强和创新基层社会治理。将乡镇（街道）工会建设作为夯实基层基础的重点，列入重要议事日程，加大资金和力量投入，及时研究解决乡镇（街道）工会建设中的重要问题。加强分类指导，引导乡镇（街道）工会按照“六好”标准因地制宜开展工作，不断提升工作水平。鼓励和支持乡镇（街道）工会探索创新，及时总结推广典型经验。加强舆论宣传，为乡镇（街道）工会工作营造良好氛围。

中华全国总工会办公厅关于实施小微企业工会经费支持政策的通知

（厅字〔2019〕32 号　2019 年 12 月 31 日）

各省、自治区、直辖市总工会，中华全国铁路总工会、中国民航工会全国委员会、中国金融工会全国委员会，中央和国家机关工会联合会：

为贯彻落实党中央、国务院支持实体经济发展的决策部署，支持小微企业工会工作，促进小微企业健康发展，规范小微企业工会经费使用管理，现就实施小微企业工会经费全额返还政策有关事项通知如下：

一、严格小微企业划型标准

小型企业和微型企业界定标准执行工业和信息化部、国家统计局、国家发展改革委、财政部 2011 年 6 月 18 日印发的《中小企业划型标准规定》（工信部联企业〔2011〕300 号）确定的小微企业划型标准。

二、明确支持政策实施时限

根据中国工会十七大对工会经费收缴改革的总体部署和工作安排，对小微企业工会经费实行全额返还的支持政策实施时限，自 2020 年 1 月 1 日起，至 2021 年 12 月 31 日止。全国总工会将视基层工会组织建设和工会经费收缴改革的进展情况确定支持政策的后续时限。

三、规范全额返还操作流程

建立工会组织的小微企业要按照《工会法》的有关规定，按照全部职工工资总额的 2% 及时足额拨缴工会经费。上级工会要建立小微企业工会经费收缴台账，健全管理制度，落实小微企业工会经费全额返还政策，定期全额返还其缴交的工会经费。

暂未建立工会组织已缴交建会筹备金的小微企业，上级工会要建立建会筹备金收缴台账，详细记录缴交建会筹备金小微企业的相关信息，加大建会工作力度，积极组织小微企业职工开展各类活动，确保未建会小微企业建会筹备金规范使用。小微企业工会组建后，要全额返还其建会筹备金余额部分。

四、加强对小微企业工会财务工作的指导服务

上级工会要加强对小微企业工会财务工作的指导，加大对《工会法》和《基层工会经费收支管理办法》的宣传力度，定期开展针对小微企业的工会财务知识培训，通过编制财务制度汇编、操作手册、案例课程等多种方式，运用工会网站、微信公众号、小程序等手段，加强资源共享和合作，有效促进小微企业工会建起来、转起来、活起来。

上级工会要创新服务手段和服务方式，解决小微企业工会财务工作中的突出问题，为小微企业工会独立开设工会经费银行账户、独立进行财务核算提供指导服务；对暂不具备独立核算条件的小微企业工会，上级工会可实行“上代下”财务集中核算模式，所需工作经费由上级工会解决；建立健全小微企业工会报账制度，定期向小微企业通报工会经费收支情况；要加强对小微企业工会预（决）算工作的指导，不断扩大小微企业工会预（决）算工作覆盖面。

五、其他要求

省级工会要按照本通知要求，结合实际制定实施细则。本通知发布前已经出台的政策文件与本通知规定不符的，应依据本通知精神予以规范。同时，加强对小微企业工会经费支持政策落实情况的监督检查，确保支持政策落地见效。

中华全国总工会办公厅印发《中华全国总工会关于加强和规范区域性、行业性工会联合会建设的意见》的通知

（总工办发〔2020〕2号　2020年1月15日）

各省、自治区、直辖市总工会，各全国产业工会，中央和国家机关工会联合会，全总各部门、各直属单位：

《中华全国总工会关于加强和规范区域性、行业性工会联合会建设的意见》已经中华全国总工会第十七届书记处第20次会议审议通过，现印发给你们，请结合实际认真贯彻执行。

中华全国总工会关于加强和规范区域性、行业性工会联合会建设的意见

为进一步加强和规范区域性、行业性工会联合会建设，充分发挥区域性、行业性工会联合会作用，深入推进新时代工会工作创新发展，根据《工会法》及《中国工会章程》等有关规定，结合工会基层组织建设实际，提出如

下意见。

一、加强和规范区域性、行业性工会联合会建设的重要意义和总体要求

（一）区域性、行业性工会联合会是基层工会的一种组织形式，是由若干个单位在各自成立基层工会组织（基层工会委员会、联合基层工会委员会或基层工会联合会）的基础上，在一定的区域或行业范围内，按照联合制、代表制原则建立的区域性、行业性的基层工会的联合体。

（二）区域性、行业性工会联合会是近年来各级工会在扩大组织覆盖、扩大工作覆盖探索实践中形成的一种有效形式。实践证明，加强区域性、行业性工会联合会建设，对于基层工会组织围绕中心服务大局、促进区域、行业经济持续健康发展，参与基层社会治理、积极发挥作用，加强维权服务、构建和谐劳动关系，树立以职工为中心的工作导向、夯实工会基层基础，确保职工队伍和工会组织团结统一具有重要意义。

（三）加强和规范区域性、行业性工会联合会建设，要深入学习贯彻习近平总书记关于工人阶级和工会工作的重要论述特别是关于加强工会基层组织建设的重要指示精神，聚焦保持和增强政治性、先进性、群众性，坚持正确政治方向，在党组织领导、政府支持下，通过党建带工建

等机制方法有序有力推进；坚持依法依规，做到依法建会、依法管会、依法履职、依法维权，健全完善制度，严格落实制度；坚持产业和地方相结合的工会组织领导原则，着眼组织健全、职责明确、关系顺畅的目标，推动形成自下而上、工作贯通、覆盖不同所有制企业和相关社会组织的组织体系；坚持从实际出发，积极稳妥推进，立足区域、行业所辖基层单位的分布、数量以及职工人数等实际，按照规模适度、便于管理、科学合理的原则进行组建，并确定覆盖范围。

二、区域性、行业性工会联合会的建立

（四）区域性、行业性工会联合会一般建立在县（市、区、旗）及以下范围内。城市工会可根据本地区域、行业发展情况，从实际出发，探索在市级建立行业性工会联合会。

（五）建立区域性、行业性工会联合会，必须坚持在同级党组织和上一级工会的领导下进行。上级工会及时有效跟踪指导服务，严把组建前置环节，严格规范组建程序，积极稳妥推进组建工作。在广泛征求各方面意见特别是覆盖单位意见，进行充分酝酿协商的基础上，经同级党组织同意并报上一级工会批准后成立工会筹备组。筹备组依法依规做好筹备工作。未建立党组织的，在上一级工会

领导下进行。

（六）区域性、行业性工会联合会委员会按照联合制、代表制的原则建立。坚持广泛性和代表性，委员由本区域或行业内所覆盖基层工会的主席和适当比例的有关方面代表等组成，所覆盖基层工会数量较多的，区域性、行业性工会联合会委员会委员可以由所覆盖基层工会主席民主推选代表担任；根据工作需要，可吸收政府有关部门代表参加。

（七）区域性、行业性工会联合会委员会的产生适用《工会基层组织选举工作条例》《基层工会会员代表大会条例》等规定。担任区域性、行业性工会联合会主席、副主席职务，必须履行民主程序。区域性、行业性工会联合会主席、副主席可以由全体委员选举产生，也可以由区域性、行业性工会联合会所覆盖基层工会联合组成会员（代表）大会选举产生。区域、行业内的基层单位行政主要负责人不得作为区域性、行业性工会联合会委员会委员人选，行业协会（商会）会长、副会长等不得担任区域性、行业性工会联合会主席、副主席。上级工会派出的工会干部、社会化工会工作者或者区域、行业龙头骨干企业工会主席、社区工作者等可以作为区域性、行业性工会联合会主席、副主席人选。区域性、行业性工会联合会主席、副主席可以专职，也可以兼职，其任期与区域性、行业性工会联合会委员会相同。

（八）区域性、行业性工会联合会委员会委员实行替补、增补制。区域性、行业性工会联合会委员会委员，当其不再担任原工会组织的主要负责人时，其委员职务由其原单位工会新当选的主要负责人经履行民主程序后予以替补。新覆盖基层工会的主要负责人，经履行民主程序，可以增补为区域性、行业性工会联合会委员会委员。

（九）区域性、行业性工会联合会可结合区域、行业实际，制定工会联合会组织办法等。区域性、行业性工会联合会委员会每届任期三年至五年，任期届满应按时换届。特殊情况需提前或延期换届的，应报上一级工会批准。

（十）建立区域性、行业性工会联合会，原则上所覆盖基层工会的组织领导关系、经费拨缴关系和会员会籍关系保持不变。确需调整的，须经县级以上地方工会批准。

（十一）区域性、行业性工会联合会所覆盖区域、行业内的基层单位，应当分别单独建立基层工会组织（基层工会委员会、联合基层工会委员会或基层工会联合会）。

（十二）区域性、行业性工会联合会的名称应根据区域、行业、单位等情况确定，一般为“××（行政区划名称）+××（区域或行业名称）+工会联合会”，不能以职业名称或基层工会名称等作为区域性、行业性工会联合会的名称。

（十三）具备条件的区域性、行业性工会联合会，要在上级工会的指导下，及时登记取得社团法人资格，开设独立工会经费账户。

（十四）独立管理经费的区域性、行业性工会联合会，应同时成立工会经费审查委员会。区域性、行业性工会联合会所覆盖基层工会女职工较多的，建立女职工委员会，在工会联合会委员会领导下开展工作。

（十五）建立区域性、行业性工会联合会的，应采取有效措施，逐步实现对区域、行业内的基层工会以及不具备单独建会条件的小微企业和零散就业人员全覆盖。实际履行联合会职能但不规范的，应在上级工会指导下，按照联合制、代表制原则，逐步规范为工会联合会。

三、区域性、行业性工会联合会的主要职责任务

（十六）加强对职工的思想政治引领，承担团结引导职工群众听党话、跟党走的政治责任，推动习近平新时代中国特色社会主义思想进社区、进企业、进车间，深化理想信念教育，教育职工践行社会主义核心价值观，恪守社会公德、职业道德、家庭美德、个人品德，遵守劳动纪律。

（十七）在同级党组织和上级工会的领导下，推动和指导区域、行业内基层单位的工会组建、发展会员等工

作，夯实工会基层基础。承担本区域、行业职工代表大会工作机构的职责。

（十八）大力弘扬劳模精神、劳动精神、工匠精神，组织开展具有区域特点、行业特色的劳动和技能竞赛、经济技术创新等活动，建设知识型、技能型、创新型的高素质职工队伍。

（十九）代表和组织职工依照法律规定，通过职工代表大会或其他形式参与本区域、行业民主管理和民主监督。调查研究和反映本区域、行业中涉及职工切身利益的重大问题。

（二十）参与制订本区域、本行业涉及劳动和职工权益的政策、标准等。积极推进区域、行业集体协商，推动建立区域、行业集体合同制度。

（二十一）参与协调劳动关系和调解劳动争议，协商解决涉及职工切身利益问题，为所覆盖区域、行业的基层工会和职工提供法律服务和法律援助。

（二十二）突出行业特色、区域特点、职工需求，强化服务意识、健全服务体系、建立服务机制，精准化、精细化开展服务工作。

四、区域性、行业性工会联合会的工作保障

（二十三）加强区域性、行业性工会联合会工作经费

保障，建立区域性、行业性工会联合会建设专项经费，并列入本级工会年度预算，保障工会联合会正常运转。各地工会结合实际，可建立项目补贴办法，实行一事一补。区域性、行业性工会联合会可以争取行政支持，也可在所覆盖基层工会自愿的基础上，由基层工会按照一定比例承担部分工作经费。上级工会要加强对区域性、行业性工会联合会经费使用的指导监督。区域性、行业性工会联合会的经费要做到专款专用。

（二十四）加强区域性、行业性工会联合会办公场地、活动场所、服务阵地建设，根据《基层工会经费收支管理办法》等有关规定，争取多方面、多渠道为区域性、行业性工会联合会办公和开展活动提供必要的设施和活动场所等。

（二十五）各地工会可结合实际，建立区域性、行业性工会联合会工会干部日常性工作补贴制度，对非国家工作人员担任的工会主席、副主席及其他工会干部，可给予适当的工作补贴。

五、加强对区域性、行业性工会联合会建设的领导

（二十六）充分认识加强和规范区域性、行业性工会联合会建设的紧迫性和必要性，把加强对区域性、行业性工会联合会建设摆上重要位置，加强统筹协调、形成工作

合力，解决好区域性、行业性工会联合会规范和建设中遇到的矛盾和困难，为区域性、行业性工会联合会作用发挥创造有利条件、提供有力保障，努力把工会联合会建设成深受职工群众信赖的学习型、服务型、创新型职工之家，工会干部努力成为职工群众信赖的娘家人、贴心人。

（二十七）积极探索符合区域性、行业性工会联合会特点的工会干部管理使用方式，拓宽来源渠道，采取专职、兼职、挂职相结合的方式，配备区域性、行业性工会联合会干部。加强教育培训，切实提高工会干部适应岗位需要的能力素质。

（二十八）加强分类指导，注重对已建立的区域性、行业性工会联合会加强规范；立足区域、行业实际，适应职工需求，指导区域性、行业性工会联合会突出工作重点，发挥优势作用。加强调查研究，及时总结推广好典型、好经验，发挥示范引领作用。加强监督检查，严格考核考评，坚持问题导向，督促整改解决，不断提升区域性、行业性工会联合会整体建设水平。

中华全国总工会办公厅印发《关于推进新就业形态劳动者入会工作的若干意见（试行）》的通知

（总工办发〔2021〕16号　2021年9月18日）

各省、自治区、直辖市总工会，各全国产业工会，中央和国家机关工会联合会，全总各部门、各直属单位：

《关于推进新就业形态劳动者入会工作的若干意见（试行）》已经中华全国总工会第十七届书记处第49次会议审议通过，现印发给你们，请结合实际认真贯彻落实。

关于推进新就业形态劳动者入会工作的若干意见（试行）

近年来，随着新产业新业态新模式蓬勃兴起，企业组织形式和劳动者就业方式发生深刻变化，依托互联网平台就业的货车司机、网约车司机、快递员、外卖配送员等新就业形态劳动者大幅增加，工会组建工作面临新情况新问题。为深入学习贯彻习近平总书记重要指示精神，落实全总党组、书记处工作部署，最大限度把新就业形态劳动者组织到工会中来，团结凝聚在党的周围，现就推进新就业形态劳动者入会工作提出如下意见。

一、夯实新就业形态劳动者入会组织基础

（一）推动用人单位依法建立工会组织。聚焦重点行业、重点领域，推动互联网平台企业特别是头部企业及所属子公司、分公司，以及货运挂靠企业、快递加盟企业、外卖配送代理商、劳务派遣公司等关联企业普遍建立工会组织，完善组织架构，广泛吸收新就业形态劳动者入会。

（二）加强新就业形态行业工会联合会建设。根据地方和行业实际，按一个或多个行业成立以覆盖新就业形态劳动者为主的行业工会联合会，作为吸收新就业形态劳动者入会和管理服务的重要载体。有条件的配备社会化工会工作者、保障工作经费。

（三）完善“小三级”工会组织体系。建强乡镇（街道）、村（社区）工会组织，承担新就业形态劳动者入会“兜底”功能。对应党建片区、社会治理网格、园区、商圈、楼宇等，建立相应的区域工会，推行工会网格化模式，夯实组织基础，扩大有效覆盖。

二、明确新就业形态劳动者入会路径

（四）与用人单位建立劳动关系或符合确定劳动关系情形的新就业形态劳动者，应加入用人单位工会。用人单位没有成立工会的，可加入用人单位所在地的乡镇（街道）、开发区（工业园区）、村（社区）工会或区域性行业性工会联合会、联合工会等。待用人单位建立工会后，及时办理会员组织关系接转手续。

（五）不完全符合确立劳动关系情形及个人依托平台自主开展经营活动等的新就业形态劳动者，可以加入工作或居住地的乡镇（街道）、开发区（工业园区）、村（社区）工会或区域性行业性工会联合会、联合工会等。鼓励平台企业、挂靠企业工会等吸纳新就业形态劳动者入会。

（六）以劳务派遣形式就业的新就业形态劳动者加入工会，依照《中华全国总工会关于组织劳务派遣工加入工会的规定》（总工发〔2009〕21号）执行。用人单位、用工单位均没有成立工会的，可加入用人或用工单位所在地的乡镇（街道）、开发区（工业园区）、村（社区）工会或区域性行业性工会联合会、联合工会等。

三、创新新就业形态劳动者入会及管理方式

（七）适应新就业形态劳动者用工关系复杂、就业灵活、流动性大等特点，优化入会流程，方便组织劳动者入会。探索推行集体登记入会、流动窗口入会、职工沟通会现场入会等方式，举行集中入会仪式等做法，增强会员意识，扩大工会影响。

（八）针对新就业形态劳动者多依托互联网平台就业的实际，结合智慧工会建设，加快推进网上入会试点步伐，逐步健全支持网上便捷入会的数据系统和服务平台。有条件的地方，可以试行网上入会全流程操作。探索依托平台企业开展宣传引导、网上入会和维权服务。

（九）坚持新就业形态劳动者会员劳动（工作）关系在哪里，会籍就在哪里，实行一次入会、动态接转，加强流动会员管理，畅通组织关系接转渠道。探索基层工会联合会直接发展会员方式。及时将新就业形态劳动者会员纳入基层工会组织和工会会员数据库实名动态管理，逐步打通网上接转会员组织关系通道。

四、深化维权服务吸引新就业形态劳动者入会

（十）坚持服务先行，打造线上线下有机融合的服务新就业形态劳动者工作体系。争取社会力量支持参与，探

索面向货车司机等重点群体的关爱基金和意外伤害险等服务项目，开展以满足新就业形态劳动者需求为导向的服务活动。规范和做好工会户外劳动者服务站点相关工作，推动“司机之家”建设和“会、站、家”一体化建设，有效凝聚新就业形态劳动者。

（十一）探索平台企业实行民主管理的方式方法，注重发挥产业、行业工会作用，引导平台企业和劳动者在劳动报酬、奖惩办法、工作时间、劳动定额等方面进行协商，为劳动者搭建理性有序表达合理利益诉求的渠道，保障劳动者对涉及切身利益重要事项的知情权、参与权、表达权，加强对平台企业执行劳动法律法规的有效监督。

五、强化新就业形态劳动者入会工作经费保障

（十二）各级工会要持续加大投入，逐步建立健全新就业形态劳动者入会工作经费保障机制。推行新就业形态劳动者入会项目制。争取财政资金和社会力量投入，探索多元化投入机制，多渠道解决新就业形态劳动者入会工作经费保障不足等现实问题。

（十三）针对新就业形态劳动者收入不稳定、难以确定交纳会费基数的实际，加强对会费交纳问题的探索研究，增强会员意识，提高新就业形态劳动者入会动力。

六、加强组织领导

（十四）各级工会要将推进新就业形态劳动者入会作为当前和今后一个时期的重点任务，建立健全工作推进机制，加强统筹协调，调动资源力量，深入开展入会集中行动，加快推进步伐。坚持党建带工建，推动建立完善党委领导、政府支持、工会主抓、职工参与、社会协同的工作格局，推动将新就业形态劳动者入会纳入党建工作考核体系。争取行业主管部门、行业协会等支持，联合制定文件、开展调研、组织活动、建设阵地、共享信息。

（十五）加强分类指导，创新载体手段，增强新就业形态劳动者入会工作的针对性和实效性。充分利用工会主流媒体以及微博、微信、微视频等新媒体，广泛开展新就业形态劳动者入会服务集中宣传活动。结合开展党史学习教育、“我为群众办实事”、下基层蹲点活动等，进一步转变作风，扎实推动工作。全总将把新就业形态劳动者入会作为组建工会和发展会员考核的重要内容，加强督促检查，适时通报工作进展，对先进集体予以表扬。

图书在版编目（CIP）数据

“小三级”工会建设工作实务手册 / 学习强会编著 .—北京：中国工人出版社，2024.4
ISBN 978-7-5008-8439-2

Ⅰ.①小… Ⅱ.①学… Ⅲ.①基层组织—工会工作—中国—手册 Ⅳ.①D412.6-62

中国国家版本馆CIP数据核字（2024）第067457号

“小三级”工会建设工作实务手册

出 版 人	董 宽
责任编辑	赵晨羽 李滢洁
责任校对	张 彦
责任印制	栾征宇
出版发行	中国工人出版社
地 址	北京市东城区鼓楼外大街45号 邮编：100120
网 址	http://www.wp-china.com
电 话	（010）62005043（总编室） （010）62005039（印制管理中心） （010）62382916（工会与劳动关系分社）
发行热线	（010）82029051 62383056
经 销	各地书店
印 刷	三河市国英印务有限公司
开 本	850毫米×1168毫米 1/32
印 张	6.25
字 数	110千字
版 次	2024年5月第1版 2024年11月第5次印刷
定 价	30.00元

本书如有破损、缺页、装订错误，请与本社印制管理中心联系更换